越玩越聪明

U0812094

YUEWAN YUECONGMING

走，一起去扫雷

马雪敏◎编著

天津出版传媒集团
天津教育出版社
TIANJIN EDUCATION PRESS

图书在版编目(CIP)数据

走，一起去扫雷 / 马雪敏编著. — 天津：天津教育出版社，2013.4
ISBN 978-7-5309-7223-6

Ⅰ.①走… Ⅱ.①马… Ⅲ.①儿童教育—家庭教育 Ⅳ.①G78

中国版本图书馆 CIP 数据核字(2013)第 079860 号

越玩越聪明
走，一起去扫雷

出 版 人 胡振泰

编　　著 马雪敏
选题策划 袁　颖
责任编辑 王艳超
装帧设计 李　宏

出版发行 天津出版传媒集团
天津教育出版社
天津市和平区西康路 35 号　邮政编码 300051
http://www.tjeph.com.cn
印　　刷 大厂回族自治县祥凯隆印刷有限公司
版　　次 2013 年 4 月第 1 版
印　　次 2013 年 4 月第 1 次印刷
规　　格 16 开(710×1000)
字　　数 100 千字
印　　张 10

定　　价 24.80 元

前 言

生存是一种技能，它从某种程度上决定了你生活质量的高低。

既然我们无法改变社会，那就改变自己以更好地去适应社会。不是有句话说得好么，你不能改变天气，但你可以改变自己的心情。其实对于生活更是如此。

心态决定看世界的眼光，行动决定生存的状态。要想活出尊严，展现不凡，只有改变观念。如果事情无法改变，那就改变自己；如果无法说服他人，那就说服自己。命运不是放弃，而是努力。命运不是运气，而是选择。命运不是等待，而是把握。命运不是名词，而是动词。要改变命运，先改变观念！

人生就是选择，而学会放弃正是人生的必修课。

与其苦苦挣扎，拼得头破血流，不如潇洒地挥手，勇敢地选择放弃。歌德说："生命的全部奥秘就在于为了生存而放弃生存。"

人只能去适应环境，去改变自己。只有这样，才能克服更多困难，战胜更多的挫折，实现自我。如果不能看到自己的缺点与不足，只是一味地埋怨环境不利，从而把改变境遇的希望寄托在改换环境上面，这是徒劳的。下面是给各位朋友的建议：

1.朋友之间要保持距离——这样友谊才能长久。

2.改变环境或改变自己——与其改变环境，不如改变自己。

3.不打没有把握的仗——生命是经不起一次次的浪费的。

4.把反省自己当成功课——因为你是不完美的，会说错话，也会做错事。

5.时时都要有危机意识——别以为你的命好运气好。

尽管我们付出了诸多的辛苦，然而由于编者的能力所限，书中难免会有错讹之处，敬请广大读者批评指正，我们将不胜感激！

目录

第一章　雷区，反应要迅速

及时创造机会，主动快速出击 / 2

永不满足的精神 / 4

论谦逊 / 6

保持热情 / 10

勤奋好学 / 15

司马迁的故事 / 17

最后一颗子弹 / 21

永不放弃 / 23

锯的发明 / 26

目录专一 / 30

凸透镜的启示 / 33

保持旺盛的好奇心 / 36

豁达的人生源自宽容的心 / 39
夜莺与乌鸦 / 42
信念的力量 / 45
拥有从容淡定的心态 / 47
小神的儿女 / 51
细节决定成败 / 55
欲速则不达 / 58
与人方便,自己方便 / 60
两个故事 / 62
做个心存善念的人 / 66

第二章　扫雷，动作要灵敏

千里之堤，溃于蚁穴 / 70
林肯的故事 / 72
用心灵感知世界 / 76
手脑合用，心口相应/ 79
态度决定命运 / 82
挑战权威，不断寻求突破 / 85

小达姆找耳朵 / 90
多想几步，具备超前意识 / 96
超越自我，敢争第一 / 99
盲人摸象 / 102
给自己一片自信的天地 / 104
正视挫折，主动进取 / 106
马和驴子的故事 / 108
求同存异 / 110
烛之武退秦师 / 113
推销的技巧 / 115
门德尔松的表白 / 117
兼听则明 / 119

第三章　挖雷，不要被炸到

有智慧的沉默 / 124
三个朋友的故事 / 127
耀眼的职称 / 129
以退为进的智慧 / 130
居安思危 / 134
国王的战马 / 137
勤于收集信息 / 139

保持清醒,远离陷阱 / 140
清晰的滴答声 / 142
未雨绸缪 / 145
高低结合 / 147
胆量与能力 / 149

第一章　雷区，反应要迅速

及时创造机会，主动快速出击

“物竞天择，适者生存。”这是自然界优胜劣汰的自然法则。在残酷的生存环境中，狼悟出了一条有效的生存法则——必须要主动出击，认真、主动地寻找和观察目标猎物，然后主动出击，绝对不能守株待兔。

对于机会，狼从来都不愿错过，它们总是主动寻找，大胆创造。你

看，几只狼在寻找目标时，遇到一群麝牛，狼会先将牛群赶向山坡一侧的高地，形成包围圈后，再把牛群一冲而散，破坏掉它们的凝聚力。众牛四处逃散，很多弱小的个体就会倒在锋利的狼牙之下。狼知道，要想获得食物，如果不经过艰苦的捕寻，猎物是不会自己主动跑到嘴边来的。我们也要学习狼的这种及时创造机会，主动快速出击的精神。

稍　息

动物界优胜劣汰的自然法则是什么？

立　正

物竞天择，适者生存。

永不满足的精神

凡是那些学业有成的人,他们对于知识都具有一种如饥似渴的永不满足的精神。他们往往在达到某一个台阶后,会为自己设定下一个新的目标,挑战自我,使自己百尺竿头,更进一步。

从前有一个边远农村的孩子,他在很小的时候,在一个亲戚的家里看到了一幅世界地图,那是他第一次对自己生活的地球有了清晰的概念:原来生活在这个世界上的人有那么多,在村子的外边,还有很多不一样的风景!于是这个孩子立下了一个志愿,要用自己的双脚去走遍全世界!

父亲不失时机地告诉他说:“生活在这个世界上的人可并不是只讲一种语言啊,你要去闯世界,就要学习很多种语言,这样你才能够与人沟通。我可以节衣缩食为你提供学习的工具,但你能不能走出去实现你的志愿,还要看你自己的努力了。”

这个小孩深深记住了父亲的话,从此就开始了他的语言之旅。除了学校里的课业,小孩把所有的时间都用来学习语言。从最开始学习英语,到后来学习日语,再后来学习拉丁文、西班牙语、法语……到他45岁的时候,他已经学会了18种语言,走过了50个国家!

有人问他，你怎么可以学会那么多种语言呢？已经事业有成的他回答道：“我学完一种语言，总觉得不够，总想再多学习一些，再多一些，这样以后走出去的时候才不会那么心虚和害怕。”

就是这种永不满足的精神，会让你不断地想去获得更多的知识和能力，而为了得到这些东西，你就要付出更多的努力和艰辛，去学习更多，拥有更多。

嘻嘻，你“贪”吗？

但凡学业有成的人，他们对于知识都具有什么样的精神？

你也得“贪”

但凡学业有成的人，他们对于知识都具有一种如饥似渴的“贪”的精神。

论谦逊

有一次，孔子带着几个学生到庙里去祭祀，刚进庙门就看见座位上放着一种倾斜易覆的器具。学生们觉得新奇，纷纷提出疑问。孔子没有回答，却问寺庙里的人："请问，这是什么器具啊？"守庙的人一见这人谦虚有礼，也恭敬地说："夫子，这是放在座位右边的器具呀！"于是孔子仔细端详着那器具，然后对学生们说："放在座位右边的器具，当它空着的时候是倾斜的，装一半水时，就变正了，而装满水呢？它就会倾覆。"听了老师的话，学生们都以惊异的目光看着那新奇的器具。

孔子看出大家的心思，和蔼地问大家："你们有点不相信吗？咱们还是提点水放到器具里试试吧！"说着学生们就打来了水。往器具里倒了一半水时，那器具果然就正了。孔子立刻对他们说："看见了吧，这不是正了吗？"大家点点头。他又让学生继续往器具里倒水，水刚装满，器具就倾倒了。孔子赶忙告诉他们："倾倒是因为水满所致啊！"子路率先发问："难道没法子让它不倾倒吗？"孔子深深地望了大家一眼，语重心长地说："世上绝顶聪明的人，应当用持重（举动谨慎稳重），以保持自己的聪明；功誉天下的人，应当用谦虚，以保持他的功劳；勇敢无双的人，应当用谨慎保持他的本领……这就是说要用退让的办法来减少自满。"学生们听了这含义深刻的话语都被深深地打动了。

古希腊的著名哲学家苏格拉底，不但才华横溢、著作等身，而且广招门生奖掖后进，运用著名的启发谈话启迪青年智慧。每当人们赞叹他的学识渊博、智慧超群的时候，他总谦逊地说：“我唯一知道的就是我自己的无知。”

被人们称颂为“力学之父”的牛顿发现了万有引力定律，在热学上，他确定了冷却定律。他是一位有多方面成就的伟大科学家，然而他

非常谦逊。对于自己的成功，他谦虚地说："如果我见的比笛卡尔要远一点，那是因为我站在巨人的肩上的缘故。"他还对人说："我像一个在海滨玩耍的小孩子，有时很高兴地拾着一颗光滑美丽的石子儿，真理的大海还是没有发现。"

扬名于世的音乐大师贝多芬，谦虚地说自己"只学会了几个音符"。

科学巨匠爱因斯坦说自己“真像小孩一样幼稚”。

那么，当我们在学习上或事业上有了一定成就的时候，还要不要谦逊呢？要！因为谦逊是一种美德，也是一种智慧。

照一照

从上面的例子，你懂得了什么？

找到自己

既不要妄自菲薄，也不要妄自尊大，要谦逊成熟，不断进取。

保持热情

也许有时你会觉得学习非常单调、乏味、无聊，这时候，有一种情绪能够帮助你享受学习的乐趣，那就是热情。

在一家建筑公司里，曾经有A、B、C三个水泥匠。一天，当他们正

在干活的时候，经理来了，问了他们一个问题："你们在做什么？"

A说："砌墙。"

B说："挣钱。"

C说:“建造世界上最有特色的建筑。”

十年以后,A、B、C 三人已经天各一方。A的手艺毫无长进,被老板炒了鱿鱼;B虽然勉强保住了自己的饭碗,但只是普普通通的泥瓦匠;而C却成了鼎鼎大名的建筑师。

毫无疑问,C是一个对人生、对工作和事业充满着热情的人。而A和B只顾眼前的利益,对于未来并没有什么明确的目标,而且对待工作的态度与C也是迥然不同的。你看,A对待工作毫无感情,更不用说热情了,不过是“做一天和尚,撞一天钟”;B呢,对待工作也是缺乏热情,不过是把它当做一种谋生的手段;而C却不同,不仅非常热爱自己的工作,而且充满了热情,希望有一天能干出一番成绩!正是这样的热情,督促着他不断前进,最终造就了他的成功。

热情实在是一种神奇的要素,对人们的生活和劳动都会产生直接或间接的影响,热情是成功的奠基石。

纵观人类历史,那些人类文明的先行者,那些引导着人类从野蛮社会走向文明社会的人们,无论他们来自什么种族,什么地区,无论生活在什么时代,无一不是充满热情的人。

热情可以使你保持清醒,可以使你全身所有的神经都处于亢奋状态,可以激发你对人生的不断求索。

热情如火

十年后，A、B、C 三人已经天各一方，有着不同的境遇，请问他们为什么有不同的结局？

你需要燃烧

C对生活、对工作充满着热情。正是这样的热情，督促着他不断前进，最终造就了他的成功。A、B两人对于工作却缺乏热情，所以一事无成。

勤奋好学

很久以前，有个虔诚的传教士，带着几只乌鸦，来到非洲的一个小国家。几年以后，传教士死了，乌鸦却在这个国家不断繁衍。

由于这些乌鸦浑身都是漆黑的羽毛，每天嘎嘎叫着，让人非常讨厌，所以大批乌鸦被当地的人们射杀而死。那些幸存下来的乌鸦就像惊弓之鸟，它们只要一看到人，就马上下意识地飞逃。后来，那些乌鸦干脆躲到树林里，为了能够安全地活下来，它们向当地的鸟儿学习鸣叫，渐渐地，叫出来的声音听起来就好像是有人在微弱地哀求。

后来，当地的人停止了对乌鸦的射杀。就这样，乌鸦得以在那个国家继续繁衍。

那些乌鸦，在危机来临时，能通过学习来改变自己，从而存活下来。我们人类也应如此，为了融入社会，必须不断学习，不断充实自己，主动地去适应社会需求，否则成功将无法实现。

救救我，我要生存

我们为了融入社会，必须不断(　　)，不断充实自己。

我有方法

学习

司马迁的故事

司马迁幼年是在韩城龙门度过的。龙门在黄河边上,山岳起伏,河流奔腾,风景十分壮丽。这条中华民族的母亲之河滋养了幼年的司马

迁。他常常帮助家里耕种庄稼，放牧牛羊，从小就积累了一定的农牧知识，养成了勤劳艰苦的习惯。在父亲的严格要求下，司马迁10岁就阅读古代的史书。他一边读一边做摘记，不懂的地方就请教父亲。在父亲的熏陶下，他从小立志做一名历史学家。

一天，快吃晚饭了，父亲把司马迁叫到跟前，指着一本书说："孩子，近几个月，你一直在外面放羊，没工夫学习。我也公务缠身，抽不出空来教你。现在趁饭还不熟，我教你读书吧。"司马迁看了看那本书，又感激地望了望父亲："爸爸，这本书我读过了，请你检查一下，看我读得对不对。"说完把书从头至尾背诵了一遍。

听完司马迁的背诵，父亲感到非常奇怪。他不相信世界上真有神童，不相信无师自通，也不相信传说中的神人点化。可是，司马迁是怎么会背诵的呢？他百思不得其解！

第二天，司马迁赶着羊群在前面走，父亲在后边偷偷地跟着。司马迁赶着羊群翻过村东的小山，过了山下的溪水，来到一片洼地。洼地上水草丰美，司马迁把羊群赶到草地中央，等羊开始吃草后，他就从怀中掏出一本书来读，那琅琅的读书声在草地上萦绕。看着这一切，父亲全明白了。他高兴地点点头，说："孺子可教！孺子可教！"

司马迁从20岁起，开始到各地游历，考察历史和风土人情。后来，司马迁做了太史令，就在他写《史记》的时候，由于他为李陵说情触犯了汉武帝，被关入监狱，判处了重刑。司马迁出狱后继续写作，经过前后10年艰苦的努力，终于写成了《史记》。这部巨著，对后世史学与文学都有深远的影响。

司马迁的故事说明，任何一项成就的取得，都是与勤奋分不开的，勤奋是打开幸运之门的钥匙。

提问

司马迁的故事告诉了我们什么？

回答

勤奋是成功的关键。

最后一颗子弹

有两个探险家迷失在了一望无际的沙漠里。因为长时间缺水，他们的嘴唇裂开了一道道的口子，如果继续这样下去，两个人很快会被渴死！年长一些的探险者从同伴手中拿过空水壶，郑重地说："我去找

水，你在这里等着我吧！”接着，他又从行囊中拿出一把手枪递给同伴说：“这里有六颗子弹，每隔一个小时你就放一枪，这样当我找到水后可以循着枪声找到你。千万要记住！”同伴点了点头。

时间一分一秒地逝去，枪膛里的子弹只剩下了最后一颗，去找水的人却还是没有回来。“他一定被风沙吞没了，或者找到水后撇下我一个人走了。”年纪小一些的探险者数着分秒，焦灼地等待着。饥渴、恐惧、绝望如潮水般向他袭来，他仿佛已经触摸到死神的衣襟，感受到死神的面目……终于，他扣动扳机，将最后一颗子弹射进了自己的脑袋。然而就在子弹射进他脑袋的一刹那，同伴带着两大壶水匆匆赶了回来，但他却再也喝不到了，因为他放弃了信任，放弃了坚持，同时也放弃了自己宝贵的生命。

人生的道路上，难免会有困难和挫折。但，只要不放弃希望，一切困难早晚都会过去。

让子弹飞

枪里有六颗子弹，每隔一个小时，年轻的探险家就放一枪。可是，当只剩下最后一颗子弹的时候，他扣动扳机，把子弹射进了自己的脑袋，为什么？

我会选择

年轻的探险家在困难面前，轻言放弃，没有坚持到底。

永不放弃

汉森是一家保险公司的职员，为了工作，他花掉自己的65美元买了一辆自行车，到处去拉保险业务。但不幸的是，业绩始终是一片空白。可是，他一点儿也没有气馁，晚上即使再疲倦，他也要一一写信给白天拜访过的客户，感谢他们接受自己的拜访，并恳请这些客户能够加入到投保行列当中。信中的每一句话都流露出他的真诚，让人不忍

拒绝。

但是两个月过去了，汉森还是没有拉到一个客户，他的上司催得越来越紧。汉森对自己产生了怀疑，他在日记中写道："在这之前，我以为只要自己认真、努力地去工作，就能把工作做好。但是这一次，我真的错了。因为事实显然并不是这样的！我每天不辞辛苦地到处跑，可结果呢？68天了，我却连一个客户也没有谈成。唉！看来这个工作并不适合我，或许我该考虑另换一个工作。"

他的妻子劝他说："再坚持一下，坚持下去就会有盼头。"他听从了妻子的劝告，继续干了下去。

又过了两个星期，汉森要去见一个客户，对方是一个小学的校长。而汉森要做的事就是说服他，让他的学生全部投保。然而校长对此却丝毫不感兴趣，一次次把汉森拒于门外。当汉森第12次跑到校长那里的时候，校长终于被他的诚心感动了，同意全校学生都买他的保险。

汉森终于成功了！

智慧之光

无论是谁，要想干好一件事情，必须坚持下去。如果你能够坚持着不放弃，那即使前面的山再高，你也可以一步一步地越过去，去看山后美丽的风景。

锯的发明

相传有一年，鲁班接受了一项任务——建造一座巨大的宫殿。建造这座宫殿需要很多木料，鲁班和徒弟们只好上山用斧头砍木，效率非常低。一次，鲁班在山上砍木的时候，不小心被一种野草划破了手。

鲁班很奇怪，一根小草为什么这样锋利？于是他摘下了一片叶子来细心观察，发现叶子两边长着许多小细齿，用手轻轻一摸，这些小细齿非常锋利。他明白了，他的手就是被这些小细齿划破的。

后来，鲁班又看到一只大蝗虫在一株草上啃吃叶子，蝗虫的两颗大板牙非常锋利，一开一合，很快就吃下一大片叶子。这同样引起了鲁班的好奇心，他抓住一只蝗虫，仔细观察蝗虫牙齿的结构，发现蝗虫的两颗大板牙上同样排列着许多小细齿，蝗虫正是靠这些小细齿来咬断草叶的。这两件事给了鲁班很大启发。

于是鲁班就用大毛竹做成一条带有许多小锯齿的竹片,然后到小树上去做试验。竹片在树干上拉了几下,就把树干划出一道深沟,鲁班非常高兴。但是由于竹片比较软,强度比较差,不能长久使用,拉了一会儿,竹片上的小锯齿就有的断了,有的变钝了,需要更换竹片。鲁班想到了铁片,便请铁匠帮助制作带有小锯齿的铁片。鲁班和徒弟各拉一端,在一棵树上拉了起来,只见他俩一来一往,不一会儿就把树锯断了,又快又省力,锯就这样发明了。

在鲁班之前,肯定有不少人碰到手被野草划破的情况,为什么只有鲁班从中受到启发,发明了锯?这无疑值得我们思考。

巴金说:“我在写作中不断探索,在探索中逐渐认识自己。为了认识自己才不得不解剖自己。”

思考的过程,包含着探索、认识和解剖——对社会的探索,对自己的解剖和认识。很多情况下,一些所谓的思考者,有着对时代和历史的诸多言之成理的看法,却没有解剖和认识自己的勇气。

思考者巴金告诉我们,所谓独立思考,就是借由解剖和认识自己进而建立自己的过程。这个“自己”,是一个大写的“人”字!

提问

鲁班是如何发明锯的？

回答

鲁班通过观察带有锯齿的草和大蝗虫的牙齿受到了启发，从而发明了锯。

目标专一

一群羚羊正在原野上吃草，一匹狼悄悄地接近了它们。羚羊发现了草丛后面的威胁，拔起腿拼命奔跑，狼紧追不放，并不断超过身边的羚羊，待羚羊放慢了速度后，狼一口咬住一只小羚羊的脖子。其实狼一开始就认准了这只小羚羊，它之所以放过其他羚羊，就是为了追上这只小羚羊。在长达数百万年生与死的较量中，狼猎食的规则是：盯紧其中的一只猎物，然后一直追捕，直到得手为止。

狼的猎食规则提示我们：在学习上，一旦确定了目标，就要盯紧它，努力拼搏，奋力冲刺，死死咬住它，只有这样，才能够获得成功！

我们在生活中也是这样。无论我们决定要做什么事，哪怕是很小的不起眼的事，都要首先确定一个目标，然后坚持不懈，始终朝着认定的目标去努力。

你失败过吗？原因是不是没有坚定目标，因为觉得希望渺茫而选择了放弃？我们仔细地回忆一下自己的过往，或许都有过这样的经历。

威廉·克拉斯克尔是世界著名的银行家。他年轻时的理想就是管理一家银行，为了实现这个理想，他不停地奋斗。他曾经做过交易所的职员，木料公司的统计员、簿记员、收账员、折扣计算员等，无论从事什么职业，他都没有放弃过自己的理想。最终，他成功地猎取到了自己的“猎物”。

威廉·克拉斯克尔说：“一个人可以有几条不同路径到达自己的目的地。如果能在一个机构里学到自己所需的一切学识和经验，当然很

好，但大多数情况下需要经常变化自己的工作环境。面对这种情况，我认为你必须懂得自己想做什么，为什么要这样做。”

静下心来，选定“猎物”——要达到的目标。然后像狼一样，盯上目标，锁定“猎物”，排除干扰。就算在这个“猎物”的旁边还有更诱人的“羚羊”，也切不可分散注意力。因为一旦分散注意力，你就很有可能前功尽弃。只有专一，才能让你得到“猎物”。当你终于咬到了你的“羚羊”，千万不要松口。要知道，煮熟的鸭子尚且可以飞呢。盯紧目标并努力咬住你的“猎物”，直到你确定已经达到了预期的目标。

小心翼翼地接近

威廉·克拉斯克尔成功的经验是什么？

锁定目标

有专一的目标，并持之以恒地朝着这个目标努力。

凸透镜的启示

一位年轻人非常刻苦努力地工作,可事业上却没什么起色。他找到昆虫学家法布尔诉说自己的苦恼。

年轻人说："我爱好文学，我也喜爱科学，同时，我对音乐和美术的兴趣也很浓厚。我每天把时间都安排得满满的，但却仍然得不到成功。"

听到这里，法布尔微笑着从口袋里掏出一块凸透镜，给他做了一

个小实验：当凸透镜将太阳光集中在纸上的一个点的时候，那张纸很快就被点燃了。

法布尔对年轻人说："请把你的注意力像这块凸透镜一样，集中到一个点上试试！"

那个青年很受启发，很快取得了事业的成功。

要燃烧

故事中的青年后来为什么取得了事业上的成功？

聚　焦

因为他把自己的注意力集中到一个点上了。

保持旺盛的好奇心

事实上，好奇心是人类创造的第一步。

牛顿、爱迪生、爱因斯坦都具有强烈的好奇心，居里夫人的女儿则把好奇心称为“学者的第一美德”。

勤学好问，对任何事物都保持旺盛的好奇心，是任何发明创造的基础。

正如巴尔扎克所说：“科学之门的钥匙都毫无异议是问号，我们所有伟大发现都应该归功于‘如何’，而生活的智慧大都源自逢事都问个为什么。”

有创造力的人都有一个共同的特征，那就是有强烈的好奇心。爱因斯坦有一句名言：“我并没有什么特殊的才能，我只不过是喜欢寻根问底地追究问题罢了。”

美国的大发明家爱迪生在小时候，有一次学着母鸡的样子孵蛋，爸爸问他：“你这是在做什么啊？”小爱迪生没有回答爸爸的话，反而纳闷地问：“为什么母鸡能孵出小鸡来，而人却不能？”

到了小爱迪生上学的时候，他的任课老师被他惹得非常烦，因为他总是不断地向老师问各种问题，以至于老师连课都没法上，结果他被“送”回家去，并得到了老师一个“低能儿”的评语。但是，小爱迪生的母亲南茜并不认为她的儿子是个低能儿，相反，她很欣赏儿子的这种好奇心特别强的特点，就自己教他读书识字。后来，爱迪生在强烈的好奇心驱使下不断学习、摸索、实验，一生有两千多项发明。

爱迪生自己曾说:“天才就是百分之一的灵感加上百分之九十九的勤奋。”而这百分之一的灵感其实就来自于好奇心。

思考

你渴望你的智慧之花早日绽开吗？你渴望你的创造灵感早日到来吗?那么,就仔细地观察生活吧!一个不热爱生活、对周围的一切都漠然视之的人是不会拥有一颗好奇之心的。如果你想在未来的人生舞台上做一颗明亮的星，就从现在开始迈出你成才的第一步——强化你的好奇心吧!

豁达的人生源自宽容的心

无论对谁，都需要多一份宽容，宽容是人们对生命的感恩与尊重，对情谊的难以割舍。宽容是一种美德，我们要有自己的行动，我们要有一颗宽大的心。宽容，可以唤醒别人的良知，可以让自己更加坦然。宽容别人，而不是一味地责怪、抱怨，我们将由此收获豁达与尊重。

曾任美国总统的福特在大学里是一名橄榄球运动员，身体非常好，所以他在62岁入主白宫时，他的身体仍然非常挺拔结实。当了总统以后，他仍继续滑雪、打高尔夫球和网球，而且擅长这几项运动。

在1975年5月，他到奥地利访问，当飞机抵达萨尔茨堡，他走下舷梯时，他的皮鞋碰到一个隆起的地方，脚一滑就跌倒在跑道上。他跳了起来，没有受伤，但使他惊奇的是，记者们竟把他这次跌倒当成一项大新闻，大肆渲染起来。在同一天，他又在丽希丹宫的被雨淋滑了的长梯上滑倒了两次，险些跌下来。随即一个奇妙的传说散播开了：福特总统笨手笨脚，行动不灵敏。自萨尔茨堡以后，福特每次跌跤或者撞伤头部或者跌到雪地上，记者们总是添油加醋地把消息向全世界报道。后来，竟然反过来，他不跌跤也变成新闻了。哥伦比亚广播公司曾这样报道说：“我一直在等待着总统撞伤头部，或者扭伤胫骨，或者受点轻伤之类的来吸引读者。”记者们如此渲染，似乎想给人形成一种印象：福特总统是个行动笨拙的人。电视节目主持人还在电视中和福特总统开玩笑，喜剧演员切维·蔡斯甚至在《星期六现场直播》节目里模仿总统滑倒和跌跤的动作。

福特的新闻秘书朗·聂森对此提出抗议，他对记者们说：“总统是健康而且优雅的，他可以说是我们能记得起的总统中身体最为健壮的一位。”

“我是一个活动家，”福特抗议道，“活动家比任何人都容易跌跤。”

他对别人的玩笑总是一笑置之。1976年5月，他还在华盛顿广播电视记者协会年会上和切维·蔡斯同台表演过。节目开始，蔡斯先出场。

当乐队奏起《向总统致敬》的乐曲时，他“绊”了一跤，跌倒在歌舞厅的地板上，从一端滑到另一端，头部撞到讲台上。此时，每个到场的人都捧腹大笑，福特也跟着笑了。

当轮到福特出场时，蔡斯站了起来，佯装被餐桌布缠住了，弄得碟子和银餐具纷纷落地。蔡斯装出要把演讲稿放在乐队指挥台上，可一不留心，稿纸掉了，撒得满地都是。众人哄堂大笑，福特却满不在乎地说道：“蔡斯先生，你是个非常、非常滑稽的演员。”

生活是需要智慧的。如果你不够睿智，那至少可以豁达。以乐观、豁达、体谅的心态看问题，就会看出事物美好的一面；以悲观、狭隘、苛刻的心态去看问题，你会觉得世界一片灰暗。两个被关在同一间牢房里的人，透过铁窗看外面的世界，一个看到的是美丽神秘的星空，一个看到的是地上的垃圾和烂泥，这就是区别。

思考

伟大的心灵多是海底之下的暗流，唯有小丑式的人物，才会像一只烦人的青蛙一样，整天聒噪不休！

夜莺与乌鸦

从前，百灵同时收了夜莺、乌鸦两个徒弟，悉心传授给它们歌艺，希望在它们中间诞生出未来的森林歌王。

夜莺的基础没有乌鸦好，但是它反复练习，不怕犯错误，在百灵的

指导下一天天进步。而乌鸦却自视天赋较高，又害怕犯错误被别人嘲笑，一直不肯开口练习。

最后夜莺终于学成毕业，成为森林歌王，而乌鸦却一事无成，只要它一叫就会招来一片斥骂声。

夜莺与乌鸦，在同样的起跑线上出发，结局却大相径庭。我们都不愿犯错，殊不知，因惧怕错误而不愿意尝试，那才是最大的错误。从某种意义上说,“犯小错误”就是“获得成功”的成本,是合理的和必要的。我们不应该畏首畏尾,而应该善于从错误中汲取教训。成功人士都善于在犯错中反思,都是在犯错中成长。

比歌声

为什么夜莺学成毕业,成为森林歌王,而乌鸦却一事无成?

我嗓亮

虽然夜莺的基础没有乌鸦好,但是它反复练习,不怕犯错误,在百灵的指导下一天天进步。而乌鸦自视天赋较高,又怕犯错误被别人嘲笑,一直不肯开口练习。

信念的力量

人们曾一度认为，在4分钟内跑完1英里(约1609米)是不可能的事。然而在1954年，有一个人做到了，他就是著名的短跑名将——罗杰·班纳斯特。他实现了这个在别人眼里根本不可能实现的梦想，这源于他在体能上的苦练，但最关键的是他在精神上的突破——在他脑中

深深地印刻下4分钟跑完1英里的信念。

更加让人不敢相信的是,在班纳斯特打破纪录的第二年里,竟然有近400人也先后达到了这项纪录。

奥格·曼狄诺指出:“有了班纳斯特这样的信念,人就能够发挥无比的创造力了。”

提问

班纳斯特实现了在别人眼里根本不可能实现的梦想,这主要应归功于什么?

回答

坚定的信念。

拥有从容淡定的心态

淡定从容，是一种心态，一种生活态度。

“大江东去，浪淘尽，千古风流人物。故垒西边，人道是，三国周郎赤壁。乱石穿空，惊涛拍岸，卷起千堆雪。江山如画，一时多少豪杰。遥想公瑾当年，小乔初嫁了，雄姿英发。羽扇纶巾，谈笑间，樯橹灰飞烟

灭。故国神游，多情应笑我，早生华发。人生如梦，一樽还酹江月。”这是苏东坡在最落魄的时候写下的《念奴娇·赤壁怀古》。苏东坡是个大才子，书法漂亮、工整、华丽，也曾因受到过皇帝的恩宠和赏识而春风得意。

后苏东坡落难，他品尝着从辉煌的顶峰滑落到暗淡的低谷的滋味，他没有了年轻时的得意忘形，但却写出千古绝唱的诗句。当时他的朋友马梦得不怕受连累，帮苏轼夫妇申请了一块荒芜的旧营地使用。

苏轼干脆给那块地取名“东坡”，并自称“东坡居士”。苏东坡这个名号由此而来，它在民间的影响可要比苏轼这个名字大多了！苏东坡夫妇就在那块地里开始种田，就是在这种境况下，他写出了生命中最美的诗句。

一次，苏轼到黄州的夜市喝酒，碰到一身有刺青的壮汉，那个人把他打倒在地，说：“什么东西，你敢碰我！”打苏东坡的人显然不知道自己打的人是谁，但是被打倒在地上的苏东坡竟然笑了起来，回家写了封信给马梦得说：“自喜渐不为人知。”苏东坡以前认为自己是才子而得意忘形，现在落难了，他对生命有了另一层的感悟。在尝尽酸甜苦辣人生百味之后，内心只剩下淡定与超然了。

“淡”不是所有的人都能够品尝到的滋味。这种滋味与天下所有美味进行对比才能品出，人们才会了解到“淡”的可贵，才会让这种味道在心里永恒。

再看东坡

尝尽酸甜苦辣人生百味之后的东坡，你如何认识？

别具风范

变得从容、淡定。

小神的儿女

1987年3月30日晚上，美国洛杉矶音乐中心的钱德勒大厅，灯火辉煌，座无虚席，人们盼望已久的奥斯卡金像奖颁奖仪式正在此举行。

就在这热情洋溢、激动人心的气氛中，典礼一步步接近高潮。

此时，主持人高声宣布：玛莉·马特琳在《小神的儿女》中有出色的

表演，获得最佳女主角奖。

现场立即爆发出经久不息的雷鸣般的掌声。一位美丽的年轻女演员，像一阵风似的轻快地走上领奖台，从上届影帝——最佳男主角奖获得者手中接过奥斯卡金像奖。

拿着小金像的玛莉·马特琳万分激动，显然，她有许多话要说，可是人们没有看到她嘴动，她又把手举了起来，但这不是向人们挥手致意的动作。眼尖的人已经看出她是在向观众打手语，而内行的人已经看明白了她的意思："说心里话，我没有准备发言。此时此刻，我要感谢电影艺术学院，感谢全体剧组同事。"

很快，人们都知道了，她是一个哑巴。

事实上，玛莉·马特琳不仅是一个哑巴，还是一个聋子。在她出生18个月时，一次高烧扼杀了她的听说能力。

可这位聋哑女对生活满怀热情与希望。她始终记得母亲写给她的那句话："每个人都是上帝的孩子，都会受到上帝的宠爱，无论我们的身体条件怎么样，只要有一颗健全的心，全力以赴、锲而不舍，就会得到命运的垂青，成为生活的主角，赢得美好的未来。"

她自幼就喜欢表演，8岁时加入州儿童剧院，9岁时就登台表演，她经常被邀请用手语表演聋哑角色。她非常珍惜这些演出机会，并从中锻炼了自己，提高了演技。

终于，命运垂青了这个姑娘。1985年，女导演兰达·海恩丝打算把舞台剧《小神的儿女》拍成电影。当时，为了物色女主角——萨拉的扮演者大费周折，兰达用了6个月的时间在美国、英国、加拿大和瑞典寻找，但都没有找到合适的人选。最后，她在舞台剧《小神的儿女》中发现饰演次要角色的玛莉·马特琳的高超演技，决定立即起用她担任主角。

结果，玛莉成功了。尽管她在全片中没有一句台词，但靠着极富特色的眼神、表情和动作，她成功地揭示了主人公自卑而又不屈的复杂

内心世界，从而成为奥斯卡金像奖颁奖以来最年轻的最佳女主角奖获得者，同时也是美国电影史上第一位聋哑影后。

思考

自信是成功的必要条件。自信不能停留在想象上。要成为自信者，就要像自信者一样去行动。我们在生活中自信地讲了话，自信地做了事，我们的自信就能真正建立起来。面对社会环境，我们每一个自信的表情、自信的手势、自信的言语都能真正在心理中培养起我们的自信。

细节决定成败

英国国王理查三世准备和公爵亨利决一死战，这场决斗将决定由谁来统治英国。决斗进行的当天早上，理查三世派了一个马夫，命令他备好自己最喜欢的战马。

“快点儿给它钉上铁蹄！”马夫对铁匠说：“国王希望骑着它打头阵。”铁匠回答：“那你得等等。前几天我替国王把其他的马全都钉上了铁蹄，现在已经没有制作铁蹄的铁片了，我得去找一些来才行。”马夫不耐烦地吼道：“快点儿！我等不及了！”

一脸无奈的铁匠，只好赶紧埋头干活。他用一根铁条做了四个铁蹄，把它们敲平、整形，固定在马蹄上后开始钉钉子。钉了三个铁蹄后，铁匠发现没有钉第四个铁蹄的钉子了，他原本准备再制作一根钉子，但由于马夫不断催促，铁匠只好凑合着将这块铁蹄挂在马蹄下。

两军交锋之际，理查国王冲锋陷阵，指挥士兵迎战敌人。远远地，他看见在战场另一头的几个士兵退却了，他心想如果别的士兵看见他们这样也会后退的，所以他快速冲向那个缺口，召唤士兵调头战斗。

没料到，理查国王还没走到一半，坐骑脚上挂着的铁蹄便掉了，战马跌翻在地，他也被摔在地上。

理查国王还没来得及拽住缰绳，他惊恐的战马就已跳起来逃走了。他环顾四周，发现他的士兵纷纷转身撤退，亨利的军队却已包围了上来。他挥舞宝剑，气急败坏地吼道："都是那匹马！我的国家竟然倾覆在这一匹马上！"

少了一个铁蹄，丢了一匹战马；少了一匹战马，败了一场战役；败了一场战役，失去了整个国家！许多细微的小事，尽管看起来毫不起眼，但它们往往是决定事情成败的关键。

人们常说，细微之处见精神。粗心大意、忽略细节是我们做学问的大忌。

细节影响品质，细节体现品位，细节显示差异，细节决定成败。如果我们可以把小事做好，把细节做精，那么，即使是一件小事也能助你成就大业。

输在哪

理查国王在战争中惨败，说明了什么？

细节

少了一个铁蹄，丢了一匹战马；少了一匹战马，败了一场战役；败了一场战役，失去了整个国家。说明了关注细节的重要性。

欲速则不达

子夏是孔子的学生。有一年,子夏被派到莒父(现在的山东省莒县境内)去做地方官。临走之前,他专门去拜望老师,向孔子请教说:“请

问,怎样才能治理好一个地方呢?”

孔子十分热情地对子夏说:“治理一个地方,是一件十分复杂的事。可是,只要抓住了根本,也就很简单了。”

孔子向子夏交代了应注意的一些事后,又再三嘱咐说:“无欲速,无见小利。欲速,则不达;见小利,则大事不成。”

这段话的意思是:做事不要单纯追求速度,不要贪图小利。单纯追求速度,不讲效果,反而达不到目的;只顾眼前小利,不讲长远利益,那就什么大事也做不成。子夏表示一定要按照老师的教导去做,就告别孔子上任去了。

怎么办

孔子向子夏交代了应注意的一些事后,又再三嘱咐他什么?

切记

“无欲速,无见小利。欲速,则不达;见小利,则大事不成。”

与人方便，自己方便

伟大的诗人歌德曾经说过："你若要喜爱自己的价值，你就得给世界创造价值。"与人相处，要多顾念别人，竭力为别人着想，在他人遇到困难的时候帮助别人。

一个将死之人被带去参观天堂和地狱，以便比较之后，能选择好他的归宿。他先去看了魔鬼掌管的地狱。他看到一个很奇怪的情景：所有的人都坐在酒桌旁，桌上摆满了各种佳肴，有肉、水果、蔬菜。然而，

却没有一个人是面带笑容的，也没有盛宴的音乐或狂欢的迹象。坐在桌子旁边的人看起来都很忧郁，无精打采，而且瘦得皮包骨。他们每个人的左臂都捆着一把叉，右臂捆着一把刀，刀和叉都有四尺长的把手，使他们不能把食物送进自己嘴里。所以，他们只能看着丰富的食物挨饿。

紧接着，这个人又被带去了天堂。天堂的景象和地狱的几乎完全相同——同样的食物、刀、叉与那些四尺长的把手。然而不同的是，天堂里的居民却都在唱歌、欢笑。这位参观者困惑了，他弄不明白为什么情况相同，结果却如此不同。在地狱里的人既挨饿又可怜，可是天堂里的人却吃得很好也很快乐。很快，他得出了答案。在地狱里的每一个人都试图把食物送进自己的嘴里，但他们无论如何也吃不到东西；而在天堂里的每一个人都在喂对面的人，而且也被对面的人所喂。正是因为天堂里的人愿意帮助别人，结果也让自己获得了帮助。

提问

为什么天堂里的人吃得很好也很快乐？

回答

因为他们懂得互相帮助。

两个故事

纪晓岚曾任《四库全书》总纂官，他学识渊博，能言善辩，天下皆知。有一天，乾隆皇帝想考一考纪晓岚。于是，他把纪晓岚找来，说："纪晓岚，何为忠孝呀？"纪晓岚说："君叫臣死，臣不得不死，为忠；父叫子亡，子不得不亡，为孝。合起来，就叫忠孝。"纪晓岚刚回答完，乾隆皇帝便接过话来："好！朕赐你一死。"纪晓岚当时就愣住了：怎么突然赐我一死呢？但是皇帝金口一开，绝无戏言。纪晓岚只好谢主龙恩，转身走了。这时，乾隆心想："这下纪晓岚可怎么办呢？不死，回来，就是欺君之罪；可要是死了就真的是太可惜了，国家少了一个栋梁之才呀。"当然，乾隆知道纪晓岚不会让自己轻易死掉的，必定会有办法解救自己。

果然，一会儿纪晓岚就气喘吁吁地跑回来了，"扑通"跪在乾隆皇帝的面前。乾隆装作很严肃的样子说："大胆，纪晓岚！朕不是赐你一死了吗？为什么你又跑回来啦？"纪晓岚说："皇上，臣去死了，我准备跳河自杀，可是正要跳河时，屈原突然从河里出来了，他怒气冲冲地对我说，你小子真浑，当年我投汨罗江自杀，是因为楚怀王昏庸无道；而当今皇上皇恩浩荡，贤明豁达，你怎么能死呢？！我一听，觉得言之有理，就回来了。"听到这里，乾隆哑口无言：因为你让他去死吧，你就是昏庸无道；可是让他活着吧，自己又下不了台。最后，乾隆不得不自我解嘲地说："好一个纪晓岚，你是真能言善辩啊！"

下面再看另一个故事。

秦朝末年，项羽和刘邦为了争夺天下，进行了长时间的争斗，但胜负难分。就这样,双方陷入了僵持的状态。由于长时间的争战,士兵们苦不堪言,百姓扶老携幼远离家园逃避战祸。

有一次,项羽率兵攻打外黄,这是一个战略重镇。据守外黄的宋军十分顽强,项羽的军队打了好些时候还是攻不下来。项羽为此寝食难安,很是发愁,正在设想自己是不是要亲自率军去支援的时候,探子前来报告:“大王,不好了,外黄的宋军向彭越投降了。”

项羽听后,拍案而起,大声斥道:“彭越有什么才能,竟然在这个时候趁火打劫,想不费吹灰之力就坐收渔翁之利。我要让他知道我的厉害,传令全军,随我去踏平外黄,活捉彭越!”

项羽怀着满腔的怒气率军向外黄火速进发,那彭越也是个懂得战略战术的军事家,他知道以自己现在的兵力难以同项羽抗衡,为了避免与其正面交锋,他率军暂时撤出外黄。

于是,项羽很快进驻外黄。

可项羽余怒未息,把所有怨恨都发泄到外黄的百姓身上,于是下了一道令人震惊的命令:凡是外黄城里15岁以上的男丁,全部集中到城东活埋。

命令一出,外黄城里到处传出一片凄凉的号哭声。有一些人想尽一切办法,辗转相托,请求项羽取消这个命令,可是依然不起作用。

这时,外黄县令的一位门客有个13岁的孩子,那孩子自告奋勇:“这件事就交给我吧,我有办法说服楚王!”

门客急忙拉住儿子,道:“这怎么行呢,你去了是没用的。”

儿子劝慰父亲道:“你尽管放心,我这次去一定会成功的,绝无灾祸!”

父亲劝不住儿子,只得放开了双手。

孩子跑到项羽的住处,神秘地对门口的士兵说:“赶快通知大王,我有要事相报。”

士兵进去通报，项羽马上传令召见他。

孩子见了项羽，说道："彭越这家伙想来侵吞我们的财产，全城军民怕他毁坏城池，所以为了安全起见，我们暂时向他投降。其实，我们早就盼望着大王您来接收啊。现在您来了却要活埋我们，请问，外黄往东的老百姓知道了这件事，怎么还肯乖乖地归顺于您呢？"

项羽听了连连点头，立即取消了那条残酷的命令。

感悟

古人云："一人之辩，重于九鼎之宝；三寸之舌，强于百万雄兵。"这就是口才的魅力。一言可以兴邦，片语可以辱国。这就是口才的威力。口才是一门学问，一门艺术；同时，口才也是一种智慧，一种能力，一种生活态度的体现。

做个心存善念的人

弟子跟着师父进城化缘。

城里车水马龙，非常繁华。弟子说："师父，今天我们肯定能化到不少东西。"师父不语。弟子刚说完，有人狠狠地从一间店里扔出一个玻璃酒瓶，碎了一地。

师父驻足，弯腰捡拾玻璃碎片。弟子不解，问道："多管闲事干什么？反正我们不经常到城里来，玻璃又扎不到我们，还是赶紧去化缘吧。"

师父指着不远处向他们走来的一个人说："看见了吧，他拄着拐杖，走在盲道上，眼睛肯定不好，万一被玻璃扎到怎么办？这大街上人来人往，碎片很容易扎破车轮，还有许多人穿着凉鞋，不小心踩在上面会伤着脚的。"

弟子对师父的善举油然起敬。他们将玻璃碎片全部捡起来倒进垃圾桶里，然后继续化缘。他们在一家店铺门口化缘时，店老板一脸的不屑，不怀好意地骂他们：“像你们这样穿个和尚服骗人钱财的我遇到太多了，你以为我不知道你们行骗的行径？还没开张就来要钱，晦气，真晦气。滚开，滚开，赶紧消失，不要影响我的生意，否则我要报警了。”面对无理的指责谩骂，弟子准备和店老板理论，师父拉住了他，说：“施主，息怒。对不起，打扰了。祝你生意兴隆，广结善缘。”

他们刚准备离开，附近的一个店主人走过来对刚才无理的那个人说：“他们肯定不是骗人的。我刚才看见他们把地上的玻璃片捡到垃圾

桶里。如此心存善念的人怎么会骗人呢？”说完，他主动给师徒两人送上一份心意，并热情地祝他们一路平安。师徒两人微笑着鞠躬，表示谢意。

弟子说：“师父，世上还是有好人相信我们。”师父说：“记住，我们所说出的话，付出的善举就是自己所修的路。心存善念，总会有人扶你一把。”

与人为善

“善念”往往会结成“善果”，而“不善或者邪恶之念”当然会生出“恶之花”。“善念”，哪怕是一点一滴，哪怕是对于素不相识者、你憎恶的人，甚至是罪人，它都会滋润焦渴的心灵，点亮在黑暗中摸索者的心灯。

第二章 扫雷，动作要灵敏

千里之堤，溃于蚁穴

相传在很久很久以前，在临近河岸的地方，有一片村庄，为了防止水患，人们筑起了坚固的长堤。一天，有个老农发现河堤上的蚂蚁窝一下子猛增了许多。老农心想：这些蚂蚁窝会不会影响大堤的安全呢？他要回村去报告，路上遇见了他的儿子。他儿子听后很不以为然地说："那么坚固的大堤，还害怕几只小小的蚂蚁吗？"随即拉着老农一起下

田干活去了。

又过了些日子，有一天晚上，电闪雷鸣，风雨交加，河水暴涨……咆哮的河水从蚂蚁窝渗透出来，继而喷射，最终冲决长堤，导致了沿岸的大片村庄和田野被淹没。

“小洞不补，大洞吃苦。”人们在生活中会遇到各种各样的“小洞”，如果不能够及时发现，立即补救，一旦这些“小洞”变成“大洞”，后果就不堪设想了。正如我们平时说的“勿以恶小而为之，勿以善小而不为”。坏习惯一旦养成，必将带进自己做人做事的行动中，将会影响我们的一生。

所以我们在平常的生活学习中，要时刻铭记“千里之堤，溃于蚁穴”的古训，重视弥补小漏洞，及时地将危险情况扼杀于摇篮之中。此外，我们还要不断学习，让自己的羽翼更加丰满，充实完善自己，只有这样，才能去迎接更多、更强的挑战。

小洞

“小洞不补，大洞吃苦”给你什么启示？

弥补

要重视弥补小漏洞。

林肯的故事

1862年9月，美国总统林肯发表了将于次年1月1日生效的《解放黑奴宣言》。

在1865年，美国南北战争结束后，一位记者去采访林肯。记者问："据我所知，前两届总统都曾想过废除黑奴制，《解放黑奴宣言》也早在那时就起草好了。可是他们都没有签署它。他们是不是想把这一伟业留给您去成就呢？"林肯回答："可能吧。不过，如果他们知道拿起笔需要的仅是一点勇气，我想他们一定非常懊丧。"林肯说完匆匆走了。

那位记者一直没弄明白林肯这番话的含义。直到1914年，林肯去世50年后，记者才在林肯留下的一封信里找到了答案。在这封信里，林肯讲述了自己幼年时的一件事：

我父亲以较低的价格买下了西雅图的一处农场，地上有很多石头。

有一天，母亲建议把石头搬走。父亲说，如果可以搬走的话，原来的农场主早就搬走了，也不会把地卖给我们了。那些石头都是一座座小山头，与大山连着。

有一年父亲进城买马，母亲带我们在农场劳动。

母亲说，让我们把这些碍事的石头搬走，好吗？于是我们开始挖那一块块石头，不长时间就搬走了。因为它们并不是父亲想象的小山头，而是一块块孤零零的石块，只要往下挖一英尺，就可以把它们晃动。

林肯在信的末尾说：有些事人们之所以不去做，只是他们认为不可能。而许多不可能，只存在于人的想象之中。

林肯的这个故事告诉我们，有的人之所以不去做或做不成某些

事，不是因为他没这个能力，也不是客观条件限制，而是他内心的自我想象首先限制了他，他被自己打败了。

其实在我们的身边，这样的事情也是时常发生的。

我们常常会觉得自己没有能力而放弃某件事情，而实际上我们是有能力完成这件事的，自信心不但可以使我们正常发挥我们的能力，有时候还可以激发我们的潜能，使我们走向成功。

跷跷板

生活中有些人总是充满激情与活力，而有的人却觉得自卑、拘束，这是为什么呢？

态度决定

自信心不够。

用心灵感知世界

邻居的小女孩安静，是个盲童。

春天来了，小区的绿地上花繁叶茂。桃花开了，月季花开了，浓郁的花香吸引着安静。这个小女孩，整天在花香中流连。

早晨，我在绿地里面的小径上做操，安静在花丛中穿梭。她走得很顺畅，没有一点儿磕磕绊绊。安静在一株月季花前停了下来。她慢慢地伸出双手，在花香的引导下，那么准确地伸向一朵沾着露珠的月季花。我惊讶得几乎要喊出声来了，因为那朵月季花上，正停着一只花蝴蝶。

安静的手指悄然合拢，竟然拢住了那只蝴蝶，这真是一个奇迹！睁着眼睛的蝴蝶被这个盲女孩神奇地抓住了。蝴蝶在她的手指间扑腾，安静的脸上充满了喜悦。这是一次全新的经历，安静的心灵来到了一个她完全没有体验过的地方。

我静静地站在一旁，看着安静。我仿佛看见了她多姿多彩的内心世界，一瞬间，我被她深深地感动着。

在春天的深处，安静陶醉地感受着春光。许久，她张开手指，蝴蝶扑闪着翅膀飞走了，安静仰起头来张望。此刻安静的心上，一定划过一条美丽的弧线，蝴蝶在她八岁的人生划过一条极其优美的曲线，述说着飞翔的童话。

我没有惊动安静。谁都有追求美好的权利,谁都可以创造一个属于自己的缤纷的世界。在这个清香袭人的早晨,安静告诉了我这样的道理。

觉察到了吗

1.“我仿佛看见了她多姿多彩的内心世界”，试想一下，这时安静的心里在想什么？

2.你从“许久，她张开手指，蝴蝶扑闪着翅膀飞走了，安静仰起头来张望”中的“张望”体会到了什么？

3.安静是个盲童，但为什么能够抓住蝴蝶？

用心·感受

1.想着多彩的世界，想着春天的美丽。

2.对光明的渴望。

3.因为黑暗带不走童心对世界的好奇。

手脑合用，心口相应

美国著名哲学家爱默生说："灵感就像天空的小鸟，不知何时，它就会突然飞来停在树上。你稍不留意，它又飞走了。"他强调了对灵感

的及时捕捉，最好是用笔记下来。许多著名的科学家，他们身边总是带着小本子的，他们在散步或睡觉时，突然想到了一个点子，会马上拿出纸与笔，记录下来。等回到办公室或实验室再进行研究和实验。

有一个策划专家，总是随身携带一叠明信片，上面均填写好了自己的地址。不论何时何地，只要有好的构想或听到别人说的趣事，他就立刻写在明信片上，然后寄给自己。这些明信片使他积累了大量的素材，他无数次高超的策划里都有这些素材的影子。

学生也应该养成记笔记的好习惯，实现手脑合用，心口相应。一方面能够促进我们加深理解和巩固所学的基础知识，另一方面又能增强我们分析问题和解决问题的能力。

创意

那位策划专家是怎样抓住随时出现的灵感的?

来自笔头

他总是随身携带一叠明信片，上面均填写了自己的地址。不论何时何地，只要有好的创意，就立刻写在明信片上，然后寄给自己。

态度决定命运

一位企业老板给A公司的经理发了一封电子邀请函，连发几次都被退回。A公司经理知道这件事后问自己的秘书是怎么回事，秘书没有去调查原因，只是猜测地说，可能是邮箱满了。可是一星期过去了，

A公司的经理还是没有收到邀请函。经理又去问秘书，秘书的回答竟然还是邮箱满了！A公司因为这件事失去了与该企业筹备已久的合作项目。经理一气之下，辞退了秘书。

与此相反，还有一位秘书，她是大学毕业后应聘到一家外贸公司的。她当初的求职目标是经理秘书，但公司却让她做办公室文员，具体的工作就是负责收发传真、复印文件。她虽然有点儿犹豫，但最终还是以积极的态度投入到工作中去了。她工作得非常认真，领导和同事们

交代的事情，她都能准确而及时地完成，从来没有怨言。有一次，经理拿一份合同让她复印，并说要急用，让她快点。细心的她习惯性地快速浏览了一遍合同，当经理有些不耐烦地催促她时，她指着一处错误给经理看，经理一看之下，吓出了一身冷汗，原来是一个数字后面多了一个零。她的更正为公司避免了几百万元的损失，为此她很快就被提升为经理秘书。

同样是秘书，前者被辞退，后者被提升，是什么原因？很显然，是态度问题。前者作为秘书竟然一周都不清理邮箱，这是什么工作态度？后者则相反，不管工作是否理想，她都能用积极热情的态度认真对待，而正是这种工作态度决定了她能胜任更高级的职位。

跷跷板

两个秘书，为什么一个被辞退，一个被提升？

态度决定

因为她们对待工作的态度不同。

挑战权威，不断寻求突破

哲学家苏格拉底曾经在一堂课上，站在讲台上拿出一个苹果对学生说："现在，请大家闻闻空气中的味道。"

一位学生举手回答:“我闻到了,是苹果的香味!”苏格拉底走下讲台,举着苹果慢慢地从每个学生面前经过,并叮嘱道:“大家再仔细地闻一闻,空气中有没有苹果的香味?”

当苏格拉底在教室转了一圈回到讲台上的时候,他又问了一次同样的问题。这一次,除了一名学生没有举手外,其他的全都举起了手。苏格拉底走到了那名没有举手的学生面前,问:“难道你真的什么气味也没有闻到吗?”那个学生肯定地说:“我真的什么也没有闻到!”这时,苏格拉底向学生宣布:“他是对的,因为这是一个假苹果!”这个学生就是后来鼎鼎大名的哲学家——柏拉图!

柏拉图不因为苏格拉底拿了一个苹果,就认为空气中有苹果的香味,这是对权威的一种质疑。

在国际象棋中,有一种比赛,叫做“卫冕”战。某人赢得了冠军,就被誉为“皇帝”“皇后”,同时,他或她就有义务接受别人的挑战。有的是选拔实力最强的代表来对阵,有的是组织声名鹊起的战将轮番来冲击。经受住挑战的考验,“卫冕”成功;反之,“冕”被人家夺走,权威便转移了。取得最高权威的人,没有权利拒绝别人的挑战。谁拒绝,就判定谁失败,这是一种毫不客气的规则。凡是新生力量,后起之秀,要登上宝座,成为新的权威,只能以挑战者的姿态出现。不敢挑战权威,就永远不能成为权威。“卫冕”的仅一人,挑战的有一群人。

我们提倡对权威的挑战,实质上这是在提倡建立一种竞争的机制。各行各业都需要引入这种机制,打破沉闷,激发活力,展现蓬勃进取的生机。谁最权威,谁就要接受挑战,谁拒绝挑战,那就表明他并不是权威。权威在挑战中形成,也在挑战中发展。这种竞争机制,是公平合理的。华罗庚提倡“人肩”精神,就是表示要用自己的臂膀托起后来者,使之登上新的高度,这才是大家风范。“江山代有才人出,各领风骚

数百年。”某个“权威”独领风骚的时间越短，表明他所在的那个领域发展越快。而想要取得快速的发展，首先就要不怕权威，这样才能使自己的思维得到拓展，才能有更多的想法，而有想法才能有实践。所以，千万不要让自己的思维被权威束缚住。

在西方，挑战权威已经成为了一种学术风气，以至于形成了一种学术风格。达尔文够权威了，进化论够权威了，但是，从权威产生之日起，直到现在，它始终都在接受挑战。向达尔文挑战，向进化论挑战，是不少学者的研究方向，他们以此作为取得学术成就，登上科学高峰的重要途径。我们向权威挑战，并不是胡来，骂一通完事，而是要拿出事实来，讲出道理来，想办法驳倒权威。那个事实是好拿出来的吗？那个道理是好讲出来的吗？拿出来了，讲出来了，别人又能够相信吗？所以，谁来挑战，谁就得去研究、去发现，没有过硬的事实，没有新的发现，就算不上挑战权威。达尔文的个别观点，某些论述，还真有错漏之处，被别人用事实驳倒过。但到目前为止，却没有人能驳倒进化论。愈是驳不倒，它就愈权威。正是由于对权威的不断挑战，才使我们的社会不断进步。

提问

柏拉图能取得举世瞩目的成绩，原因是什么？

回答

能取得这样的成绩，是因为他敢于挑战权威，不断拓展自己的思维。

小达姆找耳朵

丹麦生物学家亨利克·达姆，从小就对他所接触的事物有着广泛的兴趣，遇事爱追根究底，常常使大人们也感到惊奇，认为这孩子很不一般。

达姆的童年是在外祖父位于哥本哈根郊区的农场中度过的。小达姆非常懂事，总是帮外公、外婆做一些力所能及的事，如饲养家禽就是

他常干的活。一天，小达姆正在喂鸡，一群顽皮的小猪冲过来，冲散了正在吃食的小鸡们。小达姆懊恼地躺在草丛间，眼前老是晃动着奔跑中的小猪和小鸡。“耳朵！”小达姆惊呼起来，“这太奇怪了。”他的脑海里闪过一种又一种动物：狗、大象、猫……这些动物都有明显的耳朵，它们都依靠耳朵来接受外部世界的声音。“那么鸡的耳朵在哪里呢？或者鸡是通过其他什么器官来听声音的呢？”小达姆苦苦思索着。“一定要去查个明白。”

小达姆一骨碌从地上爬起来，刚才的不快早已一扫而空。他一溜烟似的来到鸡舍。虽然鸡多而杂，但鸡舍总是干干净净的，没有一丝臭味。

小达姆的外祖母正在一只大桶前拌饲料，见小达姆涨红着脸，气喘吁吁地跑进来，心疼地说：“孩子，这么着急干什么？这次就让我来喂，好吗？”小达姆懂事地帮外祖母拿这拿那。不一会儿，一份经济而科学的鸡饲料就拌好了。“这次要特别注意鸡的反应！”小达姆暗暗地想。

“咕、咕、咕……”随着外祖母的呼唤声，小达姆发现，那些鸡先是一怔，然后不约而同地把脖子伸长了一下，然后一下子围过来。看来，鸡是有耳朵的。“那么，它究竟长在什么地方呢？”小达姆一边用心思索着，一边出神地看着鸡争抢食物的情形，他陷入了深思，竟然连外祖母的呼唤声也没听到。“孩子，又在想什么事了？咱们也该回家吃午饭了。”外祖母慈祥地看着他，轻轻地拍了拍他的头，体贴地说。小达姆不觉一惊，随即明白了，说：“外婆，我现在不饿，等会儿再吃。”外祖母无

奈地笑了笑，望着对鸡近乎痴迷的小外孙，先回家了。

“不行，一定要把它搞个水落石出。”小达姆自言自语道。春天午后的太阳暖洋洋的，在农场一个最偏僻的角落，晃动着一个瘦小的身影，并偶尔传出几声“咯咯”的鸡叫声。原来小达姆终究按捺不住强烈的好奇心，偷偷地抱着一只鸡来到无人经过的偏僻地方，他要对鸡仔细地研究一番。他想人、狗、象等动物的耳朵都长在头部两侧，于是就扒开鸡头部那细密短小而柔软的羽毛，睁大了眼睛找着，小鸡被吓得一动不动地任凭小主人在它身上摆弄。终于，小达姆在靠近鸡眼睛的地方发现了两个类似耳朵的东西……

好奇是孩子的天性。爱因斯坦曾说：“一个人如果对于新颖奇特的现象和宇宙的奥秘不再有惊奇之感，他就无异于一具行尸走肉，他的眼睛肯定是模糊不清的。”

好奇心

好奇是孩子的天性，孩子们都爱问这问那。一般的孩子，得到答案就满足了，即便得不到答案，他们也不再追究了。但是，有一种孩子却不同：如果得不到答案，他们会一直追究下去；如果别人不给他们答案，或别人给的答案不能令他们信服，他们会自己想方设法寻出答案。

多想几步，具备超前意识

迪克和托尼同时进入一家超市工作。开始时，他俩都一样，从最底层干起。可不久，迪克就得到总经理的好评，一再被提升，从领班一路升到部门经理；托尼却像被人忘记了一般，还在最底层工作。终于有一天，托尼无法忍受，向总经理提出辞职，并痛斥总经理用人不公平。总经理耐心地听着，他了解托尼，这个小伙子工作很卖力，但却缺了一样重要的东西。

于是总经理对托尼说："托尼先生，非常感激您在工作期间为超市所做的一切。在您离开之前，还请您做完最后一件事情。请您现在到集市上去，看看今天有卖什么的。"托尼答应了，他很快从集市上回来，说目前集市上只有一个农民拉了一车土豆卖。"一车土豆大约有多少袋？"总经理问。托尼又跑去看，回来说有10袋。"价格多少？"托尼打算再次跑到集市上看。总经理望着跑得气喘吁吁的托尼说："好了，请您先坐下歇歇吧，我让迪克去办同样的事，你可以看看他是怎么做这件事的。"

于是，总经理叫来了迪克："迪克先生，请您马上到市场上去，看看今天有卖什么的。"迪克很快从集市回来了，报告说到现在为止只有一个农民在卖土豆，有10袋，价格合适，质量很好，他带回几个让总经理看。这个农民过一会儿还将上市一些西红柿，据他看价格也还公道，可以进一些货。这种价格的西红柿总经理可能会要，所以他不仅带回了几个西红柿当样品，而且还把那个农民也带来了，他现在正在外面等着回话呢。坐在一旁的托尼看到了这一切，终于明白了迪克的晋升并不是没有道理的，不禁为自己的工作方式和刚才的行为感到惭愧。

迪克的成功就在于他比托尼具有超前意识，并多做了一些事情。

在我们的生活中，那些学习十分出色的同学，他们总会将自己的思维发散，想他人没想到的。其实，有时只要比平时多想一点儿，就能把思路拓宽。我们在最开始的时候并没有感觉太大的差距，但日积月累，差距就越拉越大。你的思维若是很懒，你离成功也就越来越远。

百变猫

迪克和托尼同时进入超市工作，可为什么迪克比托尼晋升得快？

就差这一点

因为迪克在工作中，总能比托尼多想几步，并多做一些事情。

超越自我，敢争第一

通用电器集团的CEO杰克·韦尔奇曾经告诫员工说："如果通用电气不能让你改变窝囊的感觉，那你就该离开这里。"通用电气要求每个员工都不能甘于平庸。为了鼓励员工提升自己，通用电气把员工分成三类：前面业绩最好的占20%，中间业绩良好的占70%，最后面业绩较差的占10%。在通用，最好的20%的员工必须在精神和物质上受到爱惜、培养和奖赏，因为他们是创造奇迹的人。最好的20%和中间的70%并不是一成不变的，员工总是在这两类之间不断地流动，但是，"依照我们的经验，最后的那10%往往不会有什么变化。一个把未来寄托在人才上的公司必须清除那最后的10%，而且每年都要清除这类人——以不断提高业绩水平，提高员工的素质"。通用的领导者深深懂得，他们一定要鼓舞、激励并奖赏最好的20%，还要给业绩良好的70%打气加油，让他们不断进取。不仅如此，通用的领导者还下定决心，永远以人道的方式，换掉那最后的10%，并且每年都要这样做。只有如此，真正的精英才会产生，企业才会兴盛。

那些安于现状、不思进取的人永远不会在学习上和事业上有什么大成绩的。一个有崇高目标、期望进取的人，总是不停地超越自我，拓宽思路，扩充知识，攀登高峰，期望比其他人走得更远。他有足够坚强的意志，激励自己做出更大的努力，争取最好的结果。作为学生，首先要为自己树立一个明确的目标，然后按部就班地去完成它，实现预定目标。不甘于平庸，努力向上，充分发挥自己的能力，才能创造出佳绩，实现自己的价值。

我要飞得更高

在学习上,怎样比其他同学走得更远?

誓做头狼

有崇高目标,期望进取,不停地超越自我,拓宽思路,扩充知识,攀登高峰。

盲人摸象

很久很久以前,有一位国王,他心地善良,很乐意帮助别人。

有一天,几个瞎子相携来到王宫求见国王。国王问他们:“有什么事我可以帮你们的吗?”

瞎子们答道:“感谢国王陛下的仁慈。我们天生就什么也看不见,听人家说,大象是一种个头巨大的动物,可是我们从来没有见过,很是好奇,求陛下让我们亲手摸一摸象,也好知道象究竟长成了什么样子。”

国王欣然应允,命令手下的大臣去牵一头大象来。不一会儿,大臣牵着大象回来了。于是,几个盲人高高兴兴地走了过去。

大象实在太大了,他们几个人有的摸到了大象的鼻子,有的摸到了大象的耳朵,有的摸到了大象的牙齿,有的碰到了大象的身子,有的触到了大象的腿,还有的抓住了大象的尾巴。他们都以为自己摸到的就是大象的全部，各自思量起来。

过了好一会儿，国王问道："现在，你们知道大象是什么样子了吗？"瞎子们齐声回答："知道了！"国王说："那你们都说说看。"

摸到象鼻子的人说："大象又粗又长，就像一根管子。"摸到象耳朵的人忙说："不对，不对，大象又宽又大又扁，像一把扇子。"摸到象牙的人驳斥说："哪里，大象像一根大萝卜！"摸到象身的人也说："大象明明又厚又大，就像一堵墙。"摸到象腿的人也发表意见道："我认为大象就像一根柱子。"最后，抓到象尾巴的人慢条斯理地说："你们都错了！依我看，大象又细又长，像一条绳子。"

瞎子们谁也不服谁，都认为自己一定没错，就这样吵个没完。

爱观察

我们认识事物，一定要多角度、多方面地考察，才能得到最全面的了解。如果只知道个局部，就以为自己已经全明白了，从而片面地看待事物，就不免会闹出瞎子摸象这样的笑话。

给自己一片自信的天地

小泽征尔是世界著名的交响乐指挥家。在一次世界优秀指挥家大赛的决赛中，他按照评委会给的乐谱指挥演奏，敏锐的他发现了不和谐的声音。起初，他以为是乐队演奏出了错误，就停下来重新演奏，但还是不对。他觉得是乐谱有问题。这时，在场的作曲家和评委会的权威人士坚持说乐谱绝对没有问题，是他错了。面对在场的音乐大师和权

威人士，小泽征尔思考再三，最后斩钉截铁地大声说："不！一定是乐谱错了！"话音刚落，评委席上的评委们立即站起来，以热烈的掌声祝贺小泽征尔大赛夺魁。

原来，这是评委们精心设计的"圈套"，以此来检验指挥家在发现乐谱错误并遭到权威人士"否定"的情况下，能否坚持自己的正确主张。

小泽征尔胜于自信的故事，对我们学生来说，是很有启示的。著名心理学家王极盛教授曾说："信心是考试成功的精神支柱，对智力的发挥起调节作用。"莎士比亚说得对："自信是走向成功的第一步，缺乏自信即是其失败的原因。"

提问

小泽征尔胜于自信的故事，对你有何启示？

回答

信心是考试成功的精神支柱，对智力的发挥起调节作用。

正视挫折，主动进取

一天深夜，爱迪生的实验楼突然失火，被烧成一片废墟，他研究有声电影的所有资料和样片也都随之化为灰烬。他的太太伤心地说：“多少年的心血，被火烧了个精光，这可怎么办呢？”爱迪生虽然也很伤心，但他没有在挫折面前低头。

爱迪生宽慰太太说:“不要紧,别看我已经67岁了,从明天早晨起,一切从头开始。”

这个故事告诉我们什么?

A:面对挫折,不要畏惧,在精神上战胜挫折。

B:遇到突发状况,要冷静分析,从容应对。

C:遭遇失败或挫折,要学会自我疏导,自我排解。

心灵鸡汤

挫折并不可怕。人在哪里跌倒,便从哪里爬起来,重新出发吧!

马和驴子的故事

有这样一则寓言故事。唐朝初年，在长安城西的一家磨坊里养着一匹马和一头驴子，马和驴子常年生活在一起，时间久了，便成了好朋友。马每天在外面做运送物品的工作，而驴子则每天在家里做推磨的工作。

后来玄奘大师去印度取经，想要挑选一匹精良的马作为坐骑。经过一番挑选，玄奘最终选中了这匹每天在外面做运送工作的马。于是马与大师一起前往印度取经。

十几年后，这匹马驮着佛经，回到了长安。

马再一次回到磨坊里看望自己多年不见的驴子朋友，并向驴子讲述了这次旅途的经历，马对驴子说："你知道吗？我经历了浩瀚无边的沙漠、高入云霄的山岭，那些神话般的境界……"

驴子听了马的讲述，对这些自己从未见过的山山水水感到十分震惊，于是赞叹道："呀！你有这么多美好的见闻，我太羡慕你了，那些遥远的道路，是我从来都没有想过的啊！"

马听了驴子的话笑了，说："其实，我们走过的路程是差不多的。当我向西域前进的时候，你也一步都没有停止过。只是我们不同的是，我与玄奘大师都有一个遥远而明确的方向，我们也始终朝着这个方向前进着，最终我们以自己的行动实现了遥远而明确的目标，打开了广阔的世界之门。而你因为没有方向，所以你一生的行动都是盲目的，只能绕着磨盘毫无目的地打转，最终也无法走出狭隘的天地。"

方向

有方向的人能为美好的结果而努力，没方向的人只会在原地踏步，一生碌碌无为。

目标

目标对人生有巨大的导向性作用。你选择什么样的目标，就会有什么样的人生。

求同存异

法国的启蒙思想家伏尔泰说："虽然我不同意你的观点，但我誓死捍卫你说话的权利。"这是西方人对尊重个体与尊重自由的呐喊。而在东方，讲究的是包容，是海纳百川，是泽被万物，是儒家这一主体思想对外来佛教的包容与融合。是接受彼此的差异化，求同存异，是和谐共处，因此中华文化之源流几千年不曾断绝。

在喜马拉雅山中有一种共命鸟。这种鸟只有一个身子，却有两个头。有一天，其中一个头在吃美果，另一个头则想饮清泉，由于清泉离美果的距离较远，而吃美果的头又不肯退让，于是想喝清水的头十分愤怒，一气之下便说："好吧，你吃美果却不让我喝清水，那么我就吃有毒的果子。"结果两个头同归于尽。

共命鸟因为不知道求同存异的这个道理，最终导致两败俱伤，受到伤害的终究还是自己。如果那只鸟的一个头能够先让另一个头喝到水，再过去吃鲜果，那自己不是也没有什么损失吗？只是哪个先哪个后的问题。实际上人有时候和这共命鸟一样，不愿意让自己的利益受到一点点的损失，别人的一点要求也不能满足，所以到头来自己也是一无所获。

这世上的事物千差万别，人与人之间也存在着众多的差异，生活背景、生活方式、个性、价值观等的差异，让我们的相处也存在着或多或少的困难，无所谓希望或者失望、信任或者背叛，我们所能做的只能是相互尊重、相互包容、求同存异。

正是因为这种差异性的存在，在客观上便要求我们要做到“求同存异”，即在寻找相互之间相同的地方的同时，也要尊重相互之间客观存在的差异性，从而实现相互之间的合作。因此，要做到“求同存异”，“尊重”是基础，而且还需要有耐心、能包容。如果能将这一条与取长补短、开诚布公协调运用，那么，不仅双方的沟通更为舒畅，而且还能从中学到不少的新东西。

我们要逐渐学会求同存异，保留相同的利益要求，与人相处也要照顾别人的利益，在自己的利益与别人的利益之间求中间值，让自己的利益和别人的利益都得到实现。

思考

如果我们不懂得求同存异，那么，我们就很有可能在面临差异与分歧的时候相互争斗，最终使双方都受到巨大的伤害。在生活和工作中，我们也该本着“求同存异”的原则与他人相处。寻找人与人之间的共同点往往是我们打造良好人际关系的开始，也是求同存异的前提条件，并且在共同点的基础之上相互尊重对方的差异性，只有这样才能与对方进行合作，并且最终取得双赢的局面。

烛之武退秦师

公元前630年，晋文公为了争权夺位，就找了个借口说郑国对他无礼，想和秦国一起攻打郑国。这时候的秦国也有向外扩张的意愿，便答应了。两国军队各自扎营于函陵和氾南，对郑国形成半包围之势。

郑国只是一个很小的国家，两个大国就要对其进行攻打，情势十分紧急。于是，郑文公派遣烛之武到秦国去劝秦国退兵。烛之武连夜赶去会见秦穆公，对他说："秦、晋两个大国想要围攻郑国，郑国已经知道自己快要灭亡了。但我想对您说的是，灭掉郑国对秦国非但没有好处，而且还有很大的害处。您为何要消灭郑国而增加邻邦晋国的土地呢？如果晋国变得强大了，那么秦国也就相对被削弱了。"

秦穆公笑了笑，说："郑国灭亡之后，秦也会得到一半土地，怎么会只有晋国强大了呢？"

烛之武答道："晋国在秦、郑两国的中间地带，您要经过晋国去管理远方的土地，有那么容易吗？如果放弃攻打郑国的打算，而是选择郑国作为秦国的盟友，对您秦国也不会有什么害处。而且，您之前对晋惠公有恩，他也曾经答应把焦、瑕二城割让给秦国。但是，他早上回到晋，晚上就修筑防御工事拒秦，这您是知道的。晋国，哪里有满足的时候？如果郑国被消灭了，晋国的下一个目标就是秦国了。您自己慎重考虑一下吧。"

秦穆公听完烛之武的分析，觉得确实很有道理，于是马上与郑国签署了盟约，并且派遣杞子、逢孙、杨孙帮郑国守卫。郑国由此解除了灭亡的危险。

烛之武确实是一个有才能的人，他只靠一番话就拯救了一个国家。在整个说服过程中，烛之武根本没有提到郑国的利益，反而时刻都在为秦国的利益着想，娓娓而谈，说得有理有据，终于说服对方，达到了目的。

回味

读完烛之武的故事，您有什么感想呢？

感悟

想要说服他人，先要站在对方的角度替对方考虑。

推销的技巧

在古代,有对父子靠卖夜壶谋生。有一天,这对父子去市场上卖夜壶。儿子在北街卖,父亲在南街卖。傍晚回到家,父亲的夜壶全都卖完了,儿子的夜壶却一个都没有卖掉。父亲问:“为什么一个都没有卖掉?”儿子答道:“来看的人倒是不少,但是他们都觉得夜壶太大了。我跟他们说:‘大的夜壶装尿多。’然后他们都摇摇头走了。”

父亲听完儿子的回答后，笑着说：“我也遇到过这种情况，你知道我是如何回答他们的吗？我跟他们说：‘是有一点大，可是，冬天马上就要到了，冬天晚上时间长啊。’结果他们全都乐意地买下了。”

处理相同的一件事，却得到了截然不同的结果，根源就在说话的技巧上。

儿子说的话也对，确实，大的夜壶就比小的夜壶装的尿多，他是在说实话。可是，他说的话太缺乏艺术，太粗俗了，别人听后会感觉很不舒服。

父亲就不一样了，可以说他是一位非常精明的推销者，他首先承认夜壶“确实是大了点”，以赞同的语气拉近了和顾客之间的距离，之后又以委婉的语气说“冬天晚上时间长”。

回味

父亲的话说得很巧妙，既没有强卖之嫌，又成功暗示了“大的比小的好”。

感悟

像父亲那样说话，做成生意也是理所当然了。所以，说话的艺术在实际生活中确实十分重要。

门德尔松的表白

德国著名的音乐家门德尔松被誉为“交响曲之父”，他的很多作品被音乐界称为经典。但是，他的外表却有缺限：骨骼发育不好，个子有点儿矮，更致命的一点是他的背后有一大块突起——他是个驼背。

身体的缺陷严重影响了他的婚姻，在很长一段日子里这位天才音乐家都是独身一人。有一天，门德尔松去汉堡一个朋友家小住，朋友的女儿弗美姬是个善良、美丽的姑娘。门德尔松疯狂地爱上了她，但又自惭形秽，久久不敢开口。他鼓足勇气几次想要接近弗美姬，但弗美姬都找借口跑开了。

门德尔松明白弗美姬顾虑的是什么，他也明白假如就这样放弃，一场美满的婚姻就离他远去了。过了一段日子，门德尔松又勇敢地敲开了弗美姬的房门，亲口对她说：“你真的相信人类的婚姻是上帝注定的吗？”“嗯，我相信。”

弗美姬答道。

门德尔松又说："对，我也相信，每个男孩子出生的时候，上帝都会告诉他，哪个女孩子以后会和他结婚。我出生的时候，上帝给我指出了那个女孩子，并对我说：'你的妻子会是一个驼背的人。'我大声喊道：'上帝，驼背对于一个女孩子太残酷了，让我来代替她做驼背，让她变成一个漂亮的姑娘吧！'"

弗美姬惊愕地抬起头，深深地看着门德尔松那双明亮、聪慧、含情脉脉的眼睛。后来她嫁给了门德尔松，并帮助门德尔松成就了一番辉煌的事业。

怎么让心爱的姑娘接受自己的驼背呢？巧妙的语言表达是门德尔松成功的关键，如果他使用一种直接的表达方式，恐怕结果就会大不一样了。

回味

听完门德尔松的故事，你有什么感悟呢？

感悟

学会表达，成功会离自己更近。

兼听则明

有一次，唐太宗问魏征说：“历史上的君主，为什么有的人明智，有的人昏庸？”

魏征说：“兼听则明，偏信则暗。”他还举了历史上尧、舜和秦二世、

梁武帝、隋炀帝等例子，说：“治理天下的君主如果能够采纳黎民百姓的意见，那么百姓之意就能上达，他的亲信想要蒙蔽他也蒙蔽不了。”

唐太宗连连点头说：“你说得多好啊！”

又有一天，唐太宗读完隋炀帝的文集，跟大臣们说：“我看隋炀帝，学问渊博，也懂得尧、舜好，桀、纣不好，为什么还能做出那么荒唐的事？”

魏征接口说：“一个皇帝光靠头脑聪明，知识渊博是不够的，还应

该虚心倾听臣子的意见。隋炀帝自恃才高，骄傲自信，说的是尧舜的话，干的是桀纣的事，到后来糊里糊涂，就只能自取灭亡了。”

一天，唐太宗得到一只雄健俊逸的鹞子，他让鹞子在他的手臂上跳来跳去，赏玩得高兴时，魏征进来了。太宗怕魏征会对自己有意见，回避不及，赶紧把鹞子藏到自己的怀里。这一切早已经被魏征看到，他禀报公事时故意喋喋不休，拖延时间。太宗不敢拿出鹞子，结果鹞子被憋死在他的怀里。

有一次，魏征在上朝的时候，因为一件事跟唐太宗争得面红耳赤。唐太宗实在听不下去，想要发作，但是又怕在群臣面前丢了自己善于纳谏的好名声，只好勉强忍住。退朝以后，他憋了一肚子气回到内宫，见了他的妻子长孙皇后，唐太宗怒气冲冲地说："总有一天，我要杀了那个乡巴佬！"

长孙皇后很少见太宗发那么大的火，问他说："不知道陛下想杀哪一个？"

唐太宗说："还不是那个魏征！他总是当着大家的面侮辱我，这样下去，我实在忍受不了！"

长孙皇后听了，默默地回到自己的寝宫，过了一会儿，换了一套礼服来向太宗拜贺。

唐太宗惊奇地问："皇后，你这是干什么？"

长孙皇后说："陛下，我听说英明的天子才有正直的大臣，现在您有魏征这样正直的大臣，正说明陛下的英明，我怎么能不向陛下祝贺呢！"

这一番话就像一盆清凉的水，一下子把太宗的满腔怒火浇熄了。

643年，直言敢谏的魏征生病死了。唐太宗得到消息很难过，他流着眼泪说："一个人用铜作镜子，可以照见衣帽是不是穿戴得端正；如果用历史作镜子，可以知道国家兴亡的原因；如果以人作镜子，可以发现自己哪些行为做得不对。魏征一死，我就痛失了一面好镜子了。"

照一照

从上面的例子,你懂得了什么?

找到自己

兼听则明,偏信则暗。

第三章　挖雷，不要被炸到

有智慧的沉默

战国时，楚庄王即位三年，仍然没有发布一条法令。左司马问他："一只鸟落在山丘上，但是三年来不飞不叫，一直沉默无声，为何？"楚庄王答曰："三年不展翅，目的是要使翅膀长大；三年来沉默无声，目的是要进行观察、思考与准备。虽不飞，但飞必冲天；虽不鸣，鸣则一鸣惊人？"果然，第二年，楚庄王听政，发布了九条法令，废除了十项措施，处死了五个贪官，选拔了六个官员，国家日益昌盛，天下归服。楚庄王不做没有把握的事，不过早暴露自己的意图，所以能成就大业。这正是大器晚成，大音希声，不鸣则已，一鸣惊人！

大地的沉默孕育了金秋的收获；雄鹰的沉默孕蓄着有力的冲击；冬日的沉默更是奉献出一片五彩斑斓的春天。"君子厚积而薄发。"没有孜孜不倦的耕耘，怎有成功的喜悦，哪有胜利的欢呼。十年寒窗无人问，一举成名天下知。人们往往只看到博学的侃侃而谈，往往忽视了学子寒窗苦读的默默无闻；人们往往只赞赏潇洒自如的谈吐，却小瞧了正在沉默中酝酿的思考。

另外，形式上的静默，并不代表思想的停滞。正相反，深邃的思想正是来源于那些看似沉默的思考过程。有的人喜欢侃侃而谈，将并不成形的思想，过早地说出来。这样，对于他自己，却失去了进一步思考与提升的机会，使原来可能很有意义的想法，随口溜走了，而对于听的人，很容易忽视了其说话的重点及内涵，随耳一听罢了。还有的人因为说话前没有足够的思考和言语的组织，造成词不达意或逻辑不清，反而影响了思想的交流，真是欲速则不达！难怪有人要感叹："要想了解一个人的内心，最好是看他写的文字，而不是听他说话。"这是为什么？因为人们在写文章前会仔细思考，然后才落于纸面，所以清晰、流畅。上帝创造人的时候，为什么给一个人两只眼睛、两个耳朵、一个大脑和一个小脑，而却偏偏只给人一张嘴巴呢？目的就是为了让人多看，多

听，多想，而少说！难道不是吗？沉默的确是金。

沉静并不是让人不要说话，而是希望人们三思而后说。让思维的火花在沉默中放出光彩，让语言的艺术在思考中得到提升！

“天不言自高，地不言自厚”，“言多必失，沉默是金”。说话多，并不能说明你有贤能；说话少，也不会说明你没有能力，所以要少说话或不说话。

沉默是宽厚的美德，是深沉，是积蓄，是成熟的标志，是适时的言语。沉默是人生价值的选择。

辨别

如何正确理解沉默？

适应

首先，沉默并不等于无声，它是一种力量的积蓄。其次，形式上的静止，并不代表思维的停滞。沉默并不是让人不要说话，而是希望人们三思而后说。

三个朋友的故事

从前，在一个村庄里，有三个要好的朋友，一个很富有，一个很爱学习，另一个是受人尊敬的学者。

一天，他们三人出海远航。他们坐在一个不算大的船里，那个有钱人带了一大笔钱，以便到了目的地可以开始做生意；读书人带了一大

捆书，为的是在船上不寂寞；而那个学者却什么东西也没带。

在航海途中，他们遇上了暴风雨，为了更好地航行，船主要求他们把东西扔掉点。有钱人不舍得自己的金银财宝，就教唆读书人把书都扔了，而读书人也不舍得自己心爱的书，要求有钱人把财宝扔了。

学者见状，对这两人说："有钱人，你要好好想想，当初你是怎么白手起家的，你为什么不把财物扔了，在保全性命之后，同样可以从头开始。读书人，你读了那么多书，这些书中的内容你早就记下了，为什么还在乎你那些书？学问都已经在你的肚子里了。"有钱人听后，把所有的财物都扔了，读书人也把书扔掉了。之后，他们平安地到达了目的地。正如那个学者说的，有钱人照样白手起家，而读书人当上了私塾的先生。

他们的收获

这则小故事告诉我们什么道理？

锐利目光

学会选择，适当舍弃。

耀眼的职称

约翰是美国纽约一家公司的老板。一次，他发现手下一名工程师的工作态度很不积极，经常抱怨工作太辛苦，时间太长，能干活的人又少。由于他是公司正在进行的重要工程项目中的骨干，这样的工作态度很影响工程进度。

约翰想找他谈谈，但是听说这个人有些清高自傲，如果直接说可能还会引起对方的逆反情绪。那时候，恐怕老问题没解决，又会出现新问题。身为老板的约翰很是聪明谨慎，观察了那个工程师几天后，就想出了一个对策。他并没有减轻工程师的工作，也没有替他请更多的助手，更没有费什么口舌去劝说谈话，但却使得那位清高工程师的工作态度有了大大的转变。原来约翰为他专门设了一间私人办公室，而且还在门上特意加了一个耀眼的职称：工程总设计师。

那位工程师有了这个头衔后，不再满腹牢骚，干起工作来比以前卖力得多了。

水落石出

要改变一个人的工作态度，适当给他一个高职位，比用语言直接说服来得更快、更有效。

以退为进的智慧

汉代公孙弘年轻时家贫，后来贵为丞相，但生活依然十分俭朴，吃饭只有一个荤菜，睡觉只盖普通棉被。就因为这样，大臣汲黯向汉武帝参了一本，批评公孙弘位列三公，有相当可观的俸禄，却只盖普通棉被，实质上是使诈以沽名钓誉，目的是为了骗取俭朴清廉的美名。

汉武帝便问公孙弘："汲黯所说的都是事实吗？"公孙弘回答道："汲黯说得一点没错。满朝大臣中，他与我交情最好，也最了解我。今天他当着众人的面指责我，正是切中了我的要害。我位列三公而只盖棉被，生活水准和普通百姓一样，确实是故意装得清廉以沽名钓誉。如果不是汲黯忠心耿耿，陛下怎么会听到对我的这种批评呢？"汉武帝听了公孙弘的这一番话，反倒觉得他为人谦让，就更加尊重他了。

公孙弘面对汲黯的指责和汉武帝的询问，一句也不辩解，并全都承认，这是何等的一种智慧呀！汲黯指责他"使诈以沽名钓誉"，无论他如何辩解，旁观者都已先入为主地认为他也许在继续"使诈"。公孙弘采取了十分高明的一招，不作任何辩解，承认自己沽名钓誉。这其实表明自己至少"现在没有使诈"。

公孙弘的高明之处，还在于对指责自己的人大加赞扬，认为他是"忠心耿耿"。这样一来，便给皇帝及同僚们这样的印象：公孙弘确实是"宰相肚里能撑船"。既然众人有了这样的心态，那么公孙弘就用不着去辩解沽名钓誉了，因为这不是什么政治野心，对皇帝构不成威胁，对同僚构不成伤害，只是个人对清名的一种癖好，无伤大雅。

有一比丘，心浮气躁，喜欢向同道讲经说法，或者在同道面前显示他的禅门武功，经常失口失手，甚至是当场献丑。老禅师点化他多次，提示他还得精心深造，好好修业，他就是不听。

有一天，老禅师带他去行脚，一条三米多宽的水沟挡住了他俩的去路，武功深厚的老禅师抬脚就过去了。比丘却倒、倒、倒，往后倒了许多步，才趁着冲劲跳过沟去。

老禅师就说："你知道你刚才为什么要往后退一下才能跳过水沟吗？"

比丘说："因为我的功力还不够，退退再往前跑就能产生冲力，只有这样以退为进，我才能跳过水沟。"

老禅师就说："你刚才说的话禅意深邃，领会好了，你将有大的发展和进步。"

比丘终于开悟，再不急着出风头，而是静下心来致力于文武禅修，终成一代文武双全的高僧。

有个叫哈里的人，他没有受过很高的教育，凡事总喜欢与他人争个明白。他曾当过汽车司机，后来又转行进入了推销行业，可是由于推销卡车不顺利，导致心灰意冷，无奈之下求助于卡耐基。

卡耐基刚刚给他提了几个简单的问题，就发现他喜好抬杠。如果客户挑剔他的车子，他会立刻涨红脸大声争辩。哈里承认他在口头上赢得了不少的辩论，可是却没能赢得顾客。

后来他对卡耐基说："每当进行一次争辩后，在走出对方的办公室时，我总是对自己说，我总算整了那混蛋一次。可是，虽然我赢得了争辩，却输掉了生意。"

卡耐基知道，需要解决的问题就是如何提高哈里的自制能力，避免与别人争论个脸红脖子粗。

后来经过卡耐基的教导，哈里成了该汽车销售公司的明星推销员。他说："如果我现在走进顾客的办公室，而对方说：'什么？怀德卡车？不要，你就是白送给我，我也不要，我比较相信何赛的卡车。'而我会对对方说：'老兄，你的眼光的确不错，何赛的卡车的确很好，买他们的卡车是一个很好的选择，不过我们的车也是优良产品。'听到你的回答，对方也就无话可说了，也就消灭了争执的因素。对方对你的提防心也会降低，双方间的气氛也会融洽得多。然后，我就开始介绍我们公司产品的优点。不但为自己争得了宣传公司产品的时间，也为成交奠定了基础，这样的方法叫以退为进。"

后来他对卡耐基说："回想起当年的种种言行，脸上总是一阵红一阵白的。我那爱争论的毛病害了自己，却成全了竞争对手。真不知道过去是怎么干推销的，以往我花了不少时间在抬杠上，现在以退为进，果然有效。"

有的人凡事总喜欢与别人争个对错，大有不分上下誓不罢休的架势。结果落得个没人缘，事情也办砸了。

其实人与人之间存在着各种差异，出现矛盾实在是在所难免。

精明的人都懂得求同存异，在小矛盾中忍让一步，避免与人发生口角，这样不但容易赢得好人缘，一些难办的事情到了这样的人手中也显得容易了许多。

肯尼迪当初在竞选参议员的时候，被竞争对手在关键时刻抓住了一个把柄——肯尼迪在学生时代，因为欺骗而被哈佛大学退学。

这种事件在政治上的影响是巨大的。竞争对手只要充分利用这个证据，就可以使肯尼迪诚实、正直的形象蒙上一层阴影，使他的政治前途黯然无光。一般人面对这类事情的反应不外是极力否认，澄清自己。但是肯尼迪却很爽快地承认了自己曾经犯过这样一个很严重的错误，他说："我对于自己曾经做过的事感到很抱歉。我是错的，我没有什么可辩驳的余地。"

同样是担任过美国总统的克林顿，在面对“拉链门”事件时，也坦然地承认了错误。无论是克林顿还是肯尼迪，以退为进，正是他们的聪明之处。

捏把汗

文中故事的主人公遇到问题时都是如何解决的？

找缘由

都是用以退为进的方法解决的。

居安思危

春秋时期，诸侯各国征战，战事不休。晋、楚两个大国为争夺中原领土的霸权，更是经常发生冲突。

晋厉公在位时，由于沉迷酒色，信任奸臣，随意杀害朝中大臣，搞得晋国民心不稳，内战不断。因此，楚国的势力渐渐占了优势。

公元前573年，晋大夫栾书、中行偃策动政变，杀死暴君厉公，把住在雒邑的孙周接回晋国，拥他为国君，称晋悼公。悼公年轻能干，举贤任能，改革朝政，节约民力，晋国又逐渐强大起来。

那个时候，晋国北方散居着许多少数民族游牧部落，他们被统称为戎狄，经常出兵侵犯晋国边境。公元前569年，无终部落的首领嘉父派使者孟乐带着名贵的礼品来找晋大夫魏绛，拜托他引见一下悼公，请求晋国与诸戎结盟休战。魏绛表示赞同。魏绛面见晋悼公讲清楚此事后，悼公不同意。悼公对魏绛说："戎狄贪而无亲，只能靠武力解决。"魏绛规劝他说："现在中原地区的临近国家经常受楚国侵犯，往往被迫屈服于他，他们盼望着晋国去救援。假如我们对戎狄用兵，万一中原有战事，哪还有兵力去抗衡呢？"晋悼公觉得魏绛的话很有道理，就接受了他的意见，并且派他负责"和戎"事务。魏绛亲自带着使者到北方戎狄各部去，与诸戎达成了互不侵犯的约定。从这以后，晋国基本上解除了后顾之忧，国力更加强大了。

郑国是和晋相邻的国家，由于楚国一再出兵侵犯，无力抵抗，只好背晋投楚。晋悼公知道后非常生气，决定会合宋、卫、齐、曹等十二国兵力对郑用兵，以示惩戒。公元前562年9月，诸侯联军直逼郑都新郑东门。郑简公感到十分害怕，马上派王子伯骈去诸侯营中请罪求和。晋悼公同意休战。为了表示谢罪，郑简公给晋悼公送去了许多礼品。晋悼公感到十分开心，他想起了魏绛和戎的功绩，决定把郑国送来的礼品分出一半，赏赐给魏绛。魏绛谦虚地说："这完全是君王的德行和各位大

臣的功绩。古书上说：‘居安思危。’能考虑到的就会有准备，有准备就可以无隐患。君王如果能够永远记住，就能够永远享受现在这样的欢乐了！”

“居安思危”意为处在安定快乐的境地中，也要经常考虑可能出现的危险。

学一学

同学们，从这个故事中得出什么启示？

想一想

我们要在安全时想着危险，只有这样才能有备无患。

国王的战马

有一个国家,一直都是太平盛世,与邻国和平相处,所以连一匹战马也没有。然而新继位的国王和邻国的关系相处得却不太好,他知道邻国拥有强大的兵马,就很焦虑,他想万一有一天邻国攻打到本国的时候,肯定无法应付。于是他决定用重金购买骏马来训练。

国王的命令刚下不久,就有大臣买来了五百匹高大的骏马,国王见了,心中非常欢喜,便命令手下训练这些战马。

当五百匹马被训练得能够冲锋陷阵的时候,邻国对他的态度改变了。建立邦交,互派使节,表现得非常和气。国王也觉得高枕无忧了。这样过了几年之后,国王看到养这五百匹战马要耗费一笔不小的经费,心中又觉不爽。于是他就想:何不把这些马,从事于生产事业?这样不就能增加国家财政的收入了吗?于是,国王下令将这五百匹马牵到磨房去磨米。

可怜这五百匹精英战马,每天就被工人们用布把眼睛紧紧蒙住,在鞭子的抽打之下,被逼着拉着石磨转。起初,这些马非常不习惯,横竖乱窜,工人们也感到吃力,但后来,时间一久,五百匹战马对拉磨也习惯成自然。

国王还对自己的计划窃喜,他觉得这些马既能保国,又能生产,真是一举两得!

然而好景不长,邻国的态度突然改变,要进兵侵入他的国境。于是国王立刻下令召集那五百匹马准备应战!国王领着五百骑兵,浩浩荡荡向战场进发，一路上，国王骄傲地想着：我有这么多强壮的兵马，有何畏惧，你们简直是来讨死的，等着让我的军队杀得你们片甲不留！

可到了战场上，两军交锋，展开激烈的战斗，国王的五百匹马虽很壮硕，但平常都以拉磨为主，此时无法匹敌。最终，国王的军队被侵入者杀得落花流水，全军覆没。

真相大白

时刻保持旺盛的斗志、不断进取、未雨绸缪，才能在关键时刻应对和解决困难。

勤于收集信息

当今是信息时代，在我们的日常生活中，每时每刻都需要信息的帮助。比如，上学乘坐地铁和汽车，如果不知道买票地点或者开车时间，那么你就无法出门；买东西时，要先了解要买的东西的性能；在期末考试前，信息更是非常重要，老师一般会圈画重点，或者发一些复习资料，如果你能充分清楚和运用老师给你的这些信息，那么考试将会是非常轻松的。而那些不留意这些信息的同学很可能会复习得很吃力。

所以，收集尽可能多的关于学习方面的资料，对于未成年学生是非常重要的，特别是刚入学的小学生。因为刚迈进学校的门槛，你还没有积累太多的知识，这就需要你在平时多听多看。当听到学哥学姐们在交流学习经验时，你可以竖起耳朵听，从中得到适合自己的学习方法。这些平时的积累，到关键的时候就会发挥它们的作用。而如果你平时不注重信息的收集，在学习中，你很有可能不知道从哪儿下手。

保持清醒，远离陷阱

一个农夫进城卖驴和山羊。山羊的脖子上系着一个小铃铛。路上被三个小偷看见了，一个小偷说："我去偷羊，叫农夫发现不了。"另一个小偷接着说："我要从农夫手里把驴偷走。"第三个小偷听了满不在乎地说："这都不难，你们信不信，我能把农夫身上的衣服全部偷来。"

说完后，第一个小偷在拐弯处悄悄地走近山羊，把羊脖子上的铃铛解下来，拴到了驴尾巴上，然后偷偷把羊牵走了。农夫四处张望，发现山羊不见了，就开始着急地寻找。

这时第二个小偷走到农夫面前，装模作样地问他在找什么，农夫说他丢了一只山羊。第二个小偷说："我刚才看见有一个人牵着一只山羊向那片树林里走去了，也许是他偷了你的山羊，你如果赶紧去追，现在还能抓住他。"农夫连忙恳求小偷帮他牵着驴，自己去追山羊。第二个小偷趁机把驴牵走了。

农夫没有追到牵走羊的小偷，从树林里回来，发现驴也不见了，非常伤心，就在路上一边走一边哭。走着走着，他看见池塘边坐着一个人，也在哭。农夫很奇怪，就过去问他发生了什么事。

那人哭哭啼啼地说："人家让我把一口袋金子送到城里去，但是我实在是太累了，就在池塘边休息，睡着了，睡梦中一不小心把那口袋推到水里去了。"农夫问他为什么不下去把口袋捞上来。那人说："我怕水，因为我不会游泳，但是谁要把那一口袋金子捞上来。我就送他二十锭金子。"

农夫大喜，心想："肯定是因为别人偷走了我的山羊和驴子，上帝才赐给我这般好运。"于是，他很快地脱下衣服，一口气潜到水里，可是他无论如何也找不到那一口袋金子。当他气喘吁吁地从水里爬上来时，发现衣服也不见了。原来是第三个小偷把他的衣服拿走了。

哈哈镜

亲爱的同学们，上面的农夫和三个小偷的故事给你什么启示？

原本的我

故事里的三个小偷代表了人生中的三大陷阱：大意、轻信、贪婪。

清晰的滴答声

一个农场主在巡视谷仓时不慎将他名贵的金表遗失在谷仓里，他遍寻不获，便在农场门口贴了一张告示，悬赏100美元，请人们帮他寻找。

人们面对重赏的诱惑，无不卖力地四处翻找，无奈谷仓内谷粒成山，还有成捆成捆的稻草，要想在其中找寻一块金表如同大海捞针。

人们忙到太阳下山仍没有找到金表，他们不是抱怨金表太小，就是抱怨谷仓太大、稻草太多，他们一个个放弃了。只有一个穿破衣的小孩在众人离开之后仍不死心，努力寻找，他已整整一天没吃饭，希望能够找到金表，解决一家人的吃饭问题。

天越来越黑，小孩在谷仓内坚持寻找，突然，他发现一切喧闹静下来后，有一个奇特的声音不停地响着："滴答、滴答……"小孩

立即停止寻找。谷仓内更加安静，滴答声响十分清晰。小孩循声找到了金表，最终得到了100美元。

成功如同谷仓内的金表，只要坚持寻找，专注而冷静地思考，我们就会听到那清晰的滴答声。

成功感悟

人生就像马拉松赛跑，获胜的关键不在于瞬间的爆发，而在于途中的坚持。你纵有千百个理由放弃，也要给自己找一个坚持下去的理由。

未雨绸缪

一只山猪在大树旁不停地磨着獠牙。狐狸看到了，奇怪地问它：“现在既没有猎人来追赶，也没有任何危机，你为什么要这般勤奋地磨牙？”山猪答道：“你想想看，如果危险降临，就没时间磨牙了。现在把牙磨尖利了，等到有用的时候就不会慌张了。”

从山猪的话中，你能得到什么感悟？

抢答开始

随着社会的飞速发展，竞争也越来越激烈，如果你不想被社会所淘汰，就要有意识地多做积累，努力在学习中逐渐提高自己的本领，未雨绸缪，日后一定有用处。

高低结合

这是一个很久以前的故事。他出生在渔民家庭,祖祖辈辈以出海打鱼为生。18岁那年,爷爷决定带他出海。爷爷教他如何掌舵,如何下网,如何依据水颜色的变化辨别鱼群。就在他听得起劲的时候,天公突然变了脸,刚刚还万里无云,风平浪静,现在是狂风大作,波涛汹涌……爷爷吃力地掌着舵,以命令的口气大喊:"快,拿斧头把桅杆砍倒!"他不敢怠慢,拼尽全力把桅杆砍倒。没有桅杆的小船在海上漂着,直到大海恢复了平静,祖孙俩才用手摇着橹返航。他奇怪地问爷爷:"为什么要砍断船的桅杆?"爷爷说:"帆船前进靠帆,而升帆靠的是桅杆,就是说想要船行得快,必须要靠桅杆和帆。我们现在为什么前进得慢,就是因为没了桅杆和帆。"过了一会儿爷爷又说:"但是,有一利必有一弊,由于桅杆竖得高,很容易使船的重心不稳,如果遇到大的风浪就更加危险了。我让你砍断桅杆,就是为了降低船的重心,这样才能使船稳定下来。"

这个故事给我们的启迪是:我们要高调做事,低调做人。做事要像桅杆一样把目标定得高高的,而且要像风帆一样鼓足劲,敢于面对千变万化的困难,乘风破浪,排除困难。做人要像暴风雨中对待桅杆那样,虽然不愿意,但还要放倒它,因为只有降低重心,才能规避风险。高调做事会让你越来越优秀,低调做人会让你越来越沉稳。

智慧之光

同学们，读了这个故事，你悟出什么道理了吗？低调做人，高调做事，是一门博大精深的学问，也是一门深邃的艺术，理解这个道理能使我们获得一片广阔的天地，成就一份美好的事业，更重要的是使我们获得一个有内涵、丰富充实的人生。

胆量与能力

狼袭击羊，羊吓得直哆嗦，节节败退。在这危急时刻，狗冲上来，猛扑向狼，挽救了羊。

羊感激不已，向狗请教："面对高大凶恶的狼，你为什么敢向它发起攻击？"狗摇了几下尾巴："兄弟，你大概还不了解我，我的眼睛是缩小镜，多么高大凶猛的野兽，在我的眼里都显得十分弱小。"

羊深深地叹了口气:“知道了,我之所以这么怯懦,问题就出在眼睛上,因为我的眼睛是放大镜,看什么动物都高大凶猛,所以怕得要命。”羊有些沮丧。

“老弟,你想改变这一现状吗?”狗问。羊使劲地点了点头。狗慷慨地拍了拍羊的后背:“我把眼睛换给你就可以了啊!”羊大喜过望:“太好了!”

狗和羊刚换完眼睛,狼又来袭击羊了。这次羊勇猛地向狼冲去,因为此时狼在它的眼里成了小老鼠。狼完全惊呆了,它不敢相信眼下攻击它的是一只羊——样子居然像一只凶狠的老虎。于是,狼败走了,羊自卫成功了。

羊高兴得直蹦:“换了眼睛,胆量真的上来了!”

这时,那只狼又向羊发起了攻击,狼羊混战在一起,可是没过多久,羊便被狼咬得血肉模糊。狗发现后急忙上前解救,狼又一次被狗赶跑了。

面对奄奄一息的羊,狗十分懊悔:“我怎么忘了告诉你,更重要的是提高自己的能力!不然的话,胆量再大,也打不过狼啊!”

给你力量

同学们,让你的胆子大起来吧,更重要的是不断提高自己的能力,这样,离胜利就更近了一些。